14 Kaffee, Kakao & Co.

Kaffee nur mit Zucker, Kakao mit Sahnehäubchen oder Tee ganz pur zu trinken, ist eigentlich viel zu schade. Denn Gewürze, Sirup, Früchte oder Likör verhelfen den dreien in den siebten Aromen-Himmel.

36 Die süßen Kleinen

Mal fruchtig, mal knusprig, mal gefüllt und mal ganz pur präsentieren sich süße Muffins, Brownies, Waffeln, Teilchen, Cookies & Co.

74 Kuchen

Von rund bis eckig und von geknetet bis gerührt kommen Obst-, Käse- und Rührkuchen immer gut an.

118 Torten

Wunderschön verziert sind sie die Highlights auf jeder Kaffeetafel: Hier werden sahnige, fruchtige und cremige Naschkatzenträume wahr.

Kaffeewissen

Als Wecktrunk am Morgen, als Fitmacher im Büro oder einfach zum Vergnügen – Kaffee ist immer und überall heiß geliebt.

KAFFEE RICHTIG ZUBEREITEN Profis schwören natürlich auf ihre Espressomaschine. Guter Kaffee lässt sich aber auch mit wenig Aufwand zubereiten. Wichtig sind vor allem die Qualität des Kaffees und das Mengenmischverhältnis. Grundsätzlich gilt: Für 1 Tasse Kaffee überbrüht man 8–10 g Kaffeepulver (möglichst frisch gemahlen) mit 150 ml Wasser. Für 1 Tasse Espresso braucht man 70–90 ml Wasser und ca. 6–8 g Espressopulver. »Doppelt starker Kaffee« heißt: Doppelte Menge Kaffee auf dieselbe Menge Wasser; also z. B. statt 10 g 20 g Kaffee auf 150 ml Wasser.

KAFFEE-ZUBEHÖR Espressomaschinen sind toll für alle, die viel Kaffee trinken. Die Betriebssysteme variieren je nach Hersteller. Beim Kauf wichtig: Auf ausreichend Druckstärke achten und darauf, dass ein Dampfrohr zum Milchaufschäumen vorhanden ist. Die kleinen Schwestern, Espresso- und Glasfilterkanne, sind preiswert und passend für jeden Haushalt. Beide ersparen die Filtertüten und ergeben schnell aromatischen Kaffee. Sie sind in unterschiedlichen Größen und Ausführungen im Handel erhältlich.

MILCHAUFSCHÄUMER Im Milchschaumtopf lässt sich Milch für Cappuccino, Latte macchiato & Co. zuerst auf dem Herd erhitzen und dann aufschäumen. Ein integriertes Sieb wird dazu von Hand mehrmals rasch auf und ab bewegt und bringt so Luft unter die Milch. Ein batteriebetriebener Miniquirl spart dagegen Muskelkraft. Sein winziger Quirl vibriert schnell hin und her und schäumt so innerhalb kürzester Zeit kalte und heiße Milch auf. Er eignet sich außerdem wunderbar für Milchshakes und Drinks, aber auch für Salatsaucen.

Das Handwerkszeug

Teigkneten, Ausrollen, Backen und Verzieren ist überhaupt nicht schwer – man braucht nur die passende Grundausstattung.

FÜR DEN TEIG

Küchenwaage und Messbecher mit Milliliter-Einteilung erleichtern das Abmessen der Zutaten. Mit dem elektrischen Handrührgerät wird mühelos gerührt. Um den Teig möglichst restlos aus der Schüssel zu kratzen, leistet ein Teigschaber gute Dienste.

ZUM AUSROLLEN

Ideal ist ein großes Backbrett aus Holz oder Kunststoff. Im Fachhandel gibt es auch dicke Folien oder Matten, die nach dem Backen einfach zusammengerollt werden können. Zum Ausrollen brauchen Sie ein Nudelholz aus Holz oder Marmor.

BACKBLECHE

Es ist egal, ob sie emailliert, teflonbeschichtet oder aus Weiß- oder Schwarzblech sind. Es gibt Bleche, die man durch Verschieben kleiner oder größer machen kann. Obstkuchenbleche (39 × 27 cm) haben einen extrahohen Rand.

FORMEN

SPRINGFORMEN werden in Größen von 18–32 cm Ø angeboten. Sie haben einen herausnehmbaren Boden, meistens gehört ein Kranzkucheneinsatz dazu. **KASTENFORMEN** verwendet man für Sand- und Rührkuchen. Es gibt sie in Größen von 20–30 cm Länge. **GUGELHUPFFORMEN** haben einen Kamin in der Mitte, damit auch schwere Teige gleichmäßig aufgehen können. **TARTEFORMEN** haben einen niedrigen gewellten Rand. Und aus **SILIKONFORMEN** geht jeder Kuchen ganz leicht heraus.

FÜR DAS BLECH

Belegen Sie Bleche immer mit Backpapier oder spezieller Back-folie, dann hängt nichts an und das Papier kann mehrfach ver-wendet werden.

MUFFINFORMEN

Antihaftbeschichtete Formen nur leicht einfetten und kurz kühlen: So lösen sich die fertigen Muf-fins leichter. Oder: Papierförm-chen verwenden.

WAFFELEISEN

Gute Waffeleisen (mit Tempera-turregler und Kontrollleuchte) sind antihaftbeschichtet und müssen nur vor dem Backen der ersten Waffel gefettet werden.

CRÊPESPFANNE

Mit einer antihaftbeschichteten Crêpespfanne mit extra niedri-gem Rand ist das Wenden der Crêpes kein Problem. Auch toll für Gäste: spezielle Crêpes-Tischgeräte.

ZUM TEILEN

Mit einem langen scharfen Mes-ser den Tortenboden vorsichtig in 2–3 Schichten schneiden und die einzelnen Böden mit einer Tortenunterlage, z. B. aus Aluminium, abheben.

ZUM FERTIGSTELLEN

Ein verstellbarer Tortenring gibt flüssigen Füllungen Halt. Eine Palette hilft beim Bestreichen. Spritzbeutel plus verschiedene Tüllen zaubern Tuffs & Co. auf die Torte.

7

Teig-ABC

Mal knusprig, mal saftig, mal locker-luftig – der Teig ist die Basis für süße Spezereien auf der Kaffeetafel.

MÜRBETEIG 300 g Mehl mit 1 Prise Salz und 100 g Zucker mischen. 200 g kalte Butter in kleinen Stücken und 2 Eigelbe oder 1 kleines ganzes Ei dazugeben und alles rasch zu einem glatten Teig verkneten. Bis zum Gebrauch kühlen. Geeignet für Obst- und Käsekuchen. Für gerührten Mürbeteig werden Butter, Zucker und Eigelbe gerührt und das Mehl untergeknetet. Dieser Teig ist zart, lässt sich hauchdünn ausrollen und ist am besten für Kleingebäck.

HEFETEIG 500 g Mehl in eine Schüssel geben, in die Mitte eine Mulde drücken. 1 Würfel Hefe zerbröckeln und in 1/8 l lauwarmer Milch glatt rühren. Die Hefemilch in die Mehlmulde gießen, mit 1 Prise Zucker bestreuen und zugedeckt an einem warmen Ort 15 Min. gehen lassen. 80 g Butter zerlassen, mit 1/8 l Milch, 60 g Zucker und 1 Ei zum Vorteig geben. Den Teig schlagen, bis er sich vom Schüsselrand löst. Zudecken und zur doppelten Größe aufgehen lassen.

RÜHRTEIG 250 g weiche Butter mit 200 g Zucker und 1 Päckchen Vanillezucker cremig rühren. Nach und nach 4 Eier unterrühren. 250 g Mehl mit 1/2 TL Backpulver mischen und schnell unterheben. Wer mag, rührt noch 1 TL Zitronen- oder Orangenschale oder 2 EL Rum oder Cognac unter. Wichtig: Eier, Butter und Zucker werden lange gerührt. Das Mehl muss man dann schnell und kurz unterarbeiten und den Teig gleich im vorgeheizten Ofen backen.

BISKUITTEIG 6 Eier trennen. Die Eiweiße mit 1 Prise Salz steif schlagen. 300 g Zucker und die Eigelbe einrühren. 175 g Mehl über die Eiermasse sieben und vorsichtig mit einem Holzlöffel unterziehen. Wichtig: Den Backofen während des Backens nicht öffnen, sonst fällt der Teig zusammen. Biskuitteig eignet sich für Obstkuchen, Rouladen und Cremetorten. Für eine Roulade den Teig auf ein mit Backpapier belegtes Blech streichen, nach dem Backen auf ein mit Zucker bestreutes Geschirrtuch stürzen. Das Backpapier mit kaltem Wasser bepinseln, abziehen, dann den Teig zur Roulade aufrollen.

BLITZ-TEIG 4 Eier mit 250 g Zucker in 2–3 Min. in einer Rührschüssel dickcremig schlagen. 200 ml Öl und 200 ml Flüssigkeit (z. B. Fruchtsaft, Milch, Kaffee, Wein) unter Rühren zur Eier-Zucker-Creme geben. 300 g Mehl und 1 Päckchen Backpulver mischen, rasch unterrühren. Achtung: Der Teig ist wesentlich flüssiger als ein normaler Rührteig. Er eignet sich als Basisteig für Rührkuchen und lässt sich noch nach Belieben mit Nüssen, Kakao und Gewürzen abwandeln. Außerdem kann man den lockeren Teig als Tortenboden alternativ zum Biskuitteig verwenden.

MUFFINTEIG 250 g Mehl mit 2 TL Backpulver mischen. Nach Belieben 250 g Obst (frisch, unaufgetautes TK-Obst oder abgetropfte Dosenfrüchte) vorbereiten, abtropfen lassen oder beliebig klein schneiden und unter die Mehlmischung heben. 2 Eier, 250 g Joghurt, 100 g Zucker und 75 ml Öl in einer Schüssel gründlich miteinander verquirlen. Dann die Mehlmischung zügig und nur kurz unterrühren. Die Teigmenge reicht für 1 Muffinform mit 12 Vertiefungen.

Pannenhilfe

Es ist noch kein Meister vom Himmel gefallen – gut, wenn man ein paar hilfreiche Tipps für den Notfall parat hat.

BACKPAPIER VERRUTSCHT

Damit das Backpapier da bleibt, wo Sie es haben wollen, sollten Sie das Backblech an den Ecken leicht einfetten und dann erst das Backpapier auflegen.

BACKPULVERTEST

Folgender Test gibt darüber Aufschluss, ob altes Backpulver noch gut ist: 1 Teelöffel Backpulver in 1 Tasse heißes Wasser geben. Wirft es viele Blasen, können Sie das übrige Backpulver bedenkenlos verwenden.

GELATINE KLUMPT

Zieht die Gelatine Fäden oder bildet Klümpchen, hilft nur eins: Die Creme durch ein Haarsieb streichen und die Gelatine aus dem Sieb wieder schmelzen, mit etwas Creme verrühren und unter die restliche Creme rühren.

KUCHEN HÄNGT FEST

Hartnäckige Kandidaten, die in der Form festkleben, lassen sich leichter lösen, wenn Sie ein feuchtes Küchentuch kurze Zeit um die Form wickeln.

MARZIPAN SPRÖDE

Ältere Marzipanrohmasse ist manchmal spröde. Damit sie wieder geschmeidig wird und Sie sie ausrollen können, verkneten Sie sie mit etwas Rum, Eiweiß und Puderzucker.

OBSTKUCHEN NÄSST

Was geschehen ist, ist leider geschehen! Beim nächsten Mal den Boden vor dem Belegen mit gemahlenen Mandeln oder Haselnüssen bestreuen oder mit erwärmter, durch ein Sieb gestrichener Aprikosenkonfitüre bestreichen.

RÜHRTEIG GERINNT

... wenn die Eier nicht die gleiche Temperatur wie die Fett-Zucker-Creme haben. Der Trick: Stellen Sie die Rührschüssel in ein warmes Wasserbad und rühren Sie den Teig wieder glatt.

SAHNE BLEIBT FLÜSSIG

Sahne wird nicht steif, wenn sie zu warm ist. Ist sie noch nicht geronnen, die Sahne in eine Metallschüssel umfüllen und im Gefrierfach kurz abkühlen lassen. Danach langsam weiterschlagen.

KNETTEIG ZU WEICH

Den Teig nochmals 1 Std. im Kühlschrank ruhen lassen. Gleich nach dem Kneten kleinere Portionen formen, die dann nach und nach aus dem Kühlschrank genommen und verarbeitet werden. Vorsichtig noch etwas Mehl unterkneten.

Vom Kuchen zur Torte

Step by step lässt sich ein lockerer Teigboden mit etwas Geschick in eine prachtvolle Torte verwandeln. Und so geht's.

BODEN VORBEREITEN

Um eine ebene Oberfläche wie beim Konditormeister zu bekommen, muss der Boden eventuell begradigt werden, weil er beim Backen in der Mitte oft höher wird als die Ränder. Schneiden Sie mit einem langen scharfen Messer vorsichtig die ungewünschte Rundung ab.

BODEN TEILEN

Dazu brauchen Sie ein scharfes Messer, das länger als die Torte ist. Den Boden ein- oder zweimal rundherum einschneiden, dann das Messer in diesem Einschnitt führen. Die einzelnen Böden mit einer Tortenunterlage abheben.

FÜLLEN & VERHÜLLEN

Einen Tortenring um den Boden stellen. Mit seiner Hilfe können Sie die Böden exakt aufeinandersetzen. Füllmasse immer von der Mitte des Bodens aus mit einem Löffel glatt streichen. Zuerst die Oberfläche, dann den Rand mit einer Palette mit Sahne oder Creme bestreichen.

TORTE VERZIEREN

Sahne oder Creme in einen Spritzbeutel mit gewünschter Tülle füllen. Den Beutelrand vor dem Befüllen etwa 5 cm umschlagen. Masse nach unten streichen und den vorher umgeschlagenen Rand des Spritzbeutels zusammendrehen. Achten Sie darauf, dass keine Luft im Beutel ist und füllen Sie ihn höchstens drei Viertel voll. Beim Spritzen den Beutel senkrecht halten. Mit einer Hand den Beutel fest zuhalten und die Masse mittels Händedruck herausdrücken. Die andere Hand führt den Beutel.

Tolle Toppings

Prächtige Torten glänzen mit üppigen Verzierungen, aber auch einem kleinen Muffin steht ein liebevolles Deko-Accessoire.

ALLES SCHOKOLADE Kuvertüre (weiße, zartbittere oder aus Vollmilch) grob hacken, mit 1 TL Öl im heißen Wasserbad schmelzen lassen. Eine flache Platte mit Öl bestreichen, Kuvertüre daraufgießen, fest werden lassen. Mit einem Spatel oder Messer Röllchen formen. Oder Figuren ausstechen. Besonders edel wirken filigrane Muster, z. B. Blüten oder Rosetten. Dazu die flüssige Kuvertüre auf Pergament spritzen, fest werden lassen, vorsichtig abziehen und die Torte damit verzieren.

SÜSSE FRÜCHTCHEN Für »geeiste« Früchtchen Trauben, Johannisbeerrispen, Rosenblüten, Erdbeeren oder rote Kirschen in Zitronensaft tauchen und mit grobem Zucker bestreuen.
Für Schokofrüchte Kirschen mit Stiel ganz, kandierte Ananas oder Orangenscheiben halb in flüssige Schokolade tauchen und auf Pergamentpapier trocknen lassen.

MARZIPAN Die feine Masse aus süßen Mandeln und Zucker lässt sich besonders leicht formen, färben und bemalen. Marzipan mit etwas roter und grüner Lebensmittelfarbe einfärben. Zwischen Klarsichtfolie ausrollen. Blüten und Blätter daraus formen oder mit kleinen Ausstechern je nach Anlass verschiedene Motive ausstechen. Auch sehr dekorativ auf Kuchen und Torten machen sich Obst-Miniaturen.

PUDERZUCKER

Entweder – wie Kakaopulver – auf die trockene Kuchen- oder Tortenoberfläche stäuben oder mit Zitronensaft zu einem Guss verrühren und den Kuchen damit überziehen. Sollten Sie für das Gebäck rote Früchte verwenden, können Sie den Guss auch mit entsprechendem rotem Fruchtsaft (z.B. Kirsch- oder Johannisbeersaft) oder Rotwein anrühren.

SCHOKOLADENSTREIFEN

Geschmolzene Schokolade oder Kuvertüre in einen kleinen Gefrierbeutel füllen, eine winzige Ecke abschneiden und die Schokolade oder Kuvertüre rasch in Streifen über das Gebäck ziehen. Für dunkle Torten eignen sich weiße und für helle Torten dunkle Schokolade oder Kuvertüre – so entsteht ein schöner Kontrast.

SCHOKOLADENÜBERZUG

Für Kuchen mit Schokoladenguss runde Backoblaten in flüssige Schokolade tauchen, leicht antrocknen lassen und den Kuchen fächerartig damit belegen. Kokoschips halb in flüssige Schokolade tauchen, trocknen lassen und Kuchen oder Muffins damit verzieren.

GELEESPIEGEL

Für Kuchen, der mit Früchten in der Springform zubereitet wird, bieten Spiegel aus Fruchtsaft und Tortenguss einen effektvollen Abschluss. Den heißen Guss vorsichtig in die Form auf die Creme oder über die Früchte gießen und in ca. 20 Min. fest werden lassen.

KARAMELLNÜSSE

3 EL braunen Zucker in einem Topf schmelzen lassen, Walnusskernhälften, abgezogene Haselnüsse oder Mandeln dazugeben und rühren, bis die Nüsse mit geschmolzenem Zucker überzogen sind. Herausnehmen, auf Backpapier trocknen lassen.

AUS DEM BACK- UND SÜSSWARENREGAL

Mit Zuckerperlen und -streuseln, Schokoraspeln oder -streuseln, kleinen Schokoladenbuchstaben lassen sich glasierte Kuchen schön verzieren. Auch Konfekt, Schokolinsen, Gummibärchen oder Waffelröllchen sind absolut dekotauglich. Lassen Sie Ihrer Fantasie freien Lauf.

CREMES AUS MILCHPRODUKTEN

Cremig-saftige Deko oder z.B. als Füllung für Muffins bringen Abwechslung: z.B. Schoko-Creme aus 250 g Kuvertüre, 125 g Sahne und 70 g Butter – die Zutaten werden im Wasserbad geschmolzen und nach dem Abkühlen mit dem Handrührgerät cremig geschlagen, oder eine Fruchtcreme aus 5 EL Fruchtpüree, 200 g Mascarpone und 1 EL Puderzucker zubereiten.

SIRUP

Gut getränkt und richtig durchgezogen werden Muffins besonders saftig. Verwenden Sie fertigen Sirup, z.B. mit Vanille- oder Nussaroma, Kaffee, Rum, Cognac, Brände und Liköre, Portwein, Amaretto, Kokos- oder Orangenlikör. Oder Sirup zum Selberkochen: Für Orangensirup 200 ml frischen Orangensaft mit 130 g Zucker erhitzen und in ca. 15 Min. dickflüssig einkochen.

KARAMELL UND MARMELADE

Karamell ist ganz leicht selbst gemacht und schmeckt als Krokant besonders gut im Teig und als Karamellsauce auch mal auf den Muffins. Richtig glänzend werden Muffins mit einem Überzug aus Konfitüre, Marmelade oder Gelee: Erwärmen Sie 3–4 EL davon – auch mal mit einem Schuss Marillen- oder Orangenlikör vermischt – in einem Topf und bestreichen die noch warmen Muffins damit.

Kaffee, Kakao & Co.

Kaffee nur mit Zucker, Kakao mit Sahnehäubchen oder Tee
ganz pur zu trinken, ist eigentlich viel zu schade. Denn
Gewürze, Sirup, Früchte oder Likör verhelfen den dreien
in den siebten Aromen-Himmel.

Klassiker aus Italien

Latte macchiato

(im Bild hinten)

Für 2 Personen | ⏱ 10 Min. Zubereitungszeit
Pro Portion ca. 125 kcal

400 ml fettarme Milch | ⅛ l frisch gekochter
Espresso | etwa 4 TL Zucker

1 Die Milch in einem Topf erhitzen, aber nicht kochen lassen.

2 Den Espresso mit dem Zucker süßen. Die Milch in hohe Tassen oder Gläser füllen und mit dem Milchaufschäumer gründlich aufschäumen. Espresso über den Rücken eines kleinen Löffels langsam und dekorativ in die Milch fließen lassen. Sofort servieren.

TIPP
Den Espresso und nicht den Latte macchiato zu süßen, hat einen Vorteil: nachdem der Espresso in die Milch gegossen wurde, muss nicht mehr umgerührt werden. Das sieht viel schöner aus.

AROMA-VARIANTEN
Latte macchiato lässt sich variieren, indem man die Milch unterschiedlich aromatisiert:
Für Vanille-Milch Milch mit dem ausgekratzten Mark von 1 Vanilleschote und 1 Päckchen Vanillezucker erhitzen. Vom Herd nehmen, 2 Std. ziehen lassen, erneut erhitzen, Vanilleschote herausfischen, dann aufschäumen. Für Gewürz-Milch Milch mit 5 aufgeschlitzten Kardamomkapseln, 1 Zimtstange und 2 EL Honig erhitzen. Vom Herd nehmen, 2 Std. ziehen lassen, erneut erhitzen, Milch durch ein Sieb abgießen, dann aufschäumen. Oder die Milch einfach zusätzlich mit gekauften Sirupen (z. B. Vanille, Karamell oder Haselnuss) aromatisieren.

cremig/mild

Mandel-Kaffee

(im Bild vorne)

Für 2 Personen | ⏱ 10 Min. Zubereitungszeit
Pro Portion ca. 160 kcal

200 ml fettarme Milch
2 EL Mandelmus (aus dem Glas)
1 Prise Zimtpulver
3 TL Mandelsirup (s. Tipp)
200 ml heißer Kaffee
3 cl Amaretto (nach Belieben)

1 Die Milch mit dem Mandelmus und Zimt in einen Topf geben und gut verrühren. Die Milch unter Rühren heiß werden lassen, nicht kochen. Vom Herd nehmen und 2 Std. ziehen lassen.

2 Die Mandelmilch nochmals erhitzen. Mandelsirup, Kaffee und Amaretto einrühren, mit dem Mixer kräftig aufschäumen und auf 2 große Becher verteilen.

TIPP
Mandelsirup: Für ca. 200 ml Sirup 200 g Zucker in einen Topf geben und bei mittlerer Hitze goldbraun karamellisieren lassen. Mit 250 ml Wasser vorsichtig ablöschen. Den festen Karamell wieder vom Topfboden loskochen lassen und bei schwacher Hitze ca. 10 Min. köcheln lassen. 1 EL Bittermandelaroma und nach Belieben 1 EL Amaretto untermischen. Den Sirup in eine Flasche füllen und verschließen. Hält im Kühlschrank ca. 1 Jahr.

aus Italien / mild

Cappuccino (im Bild)

Für 2 Personen | ⊚ 10 Min. Zubereitungszeit
Pro Portion ca. 60 kcal

300 ml fettarme Milch
1/8 l frisch gekochter Espresso
Kakaopulver zum Bestäuben

1 Milch in einem Topf erhitzen, aber nicht kochen lassen. Den Espresso in weite Tassen gießen. Milch mit dem Milchaufschäumer aufschäumen und langsam daraufgießen, übrigen Milchschaum darauflöffeln. Mit Kakao bestäuben.

TIPP
Bei Caffè latte und Café au lait werden starker Kaffee oder Espresso und heiße Milch (ungeschäumt) gleichzeitig in weite Tassen gegossen. Ein Cappuccino chiaro wird mit mehr Milch und weniger Espresso, ein Cappuccino scuro mit mehr Espresso und weniger Milch gemacht.

aus Frankreich

Café au lait

Für 2 Personen | ⊚ 10 Min. Zubereitungszeit
Pro Portion ca. 70 kcal

20 g stark geröstetes Kaffeepulver
300 ml Milch
1 Glasfilterkanne

1 Das Kaffeepulver in die Glasfilterkanne geben. Mit 300 ml siedend heißem Wasser überbrühen und 3–5 Min. ziehen lassen, dann den Filterkolben nach unten drücken.

2 Die Milch erhitzen, nicht kochen lassen. Kaffee und Milch gleichzeitig in zwei typische Trinkschalen gießen.

TIPP
Noch aromatischer wird das Ganze, wenn man etwas Zichorie oder ersatzweise Getreidekaffee zum Kaffeepulver gibt.

Klassiker aus Österreich

Wiener Melange

Für 2 Personen
◎ 10 Min. Zubereitungszeit
Pro Portion ca. 70 kcal

16–20 g kräftig geröstetes Kaffee-
oder Espressopulver
300 ml Milch

1 Aus dem Kaffeepulver und 150 ml kochendem Wasser einen Kaffee brühen. Auf zwei Tassen verteilen und je ca. 150 ml heiße (nicht kochende) Milch daraufgießen.

TIPP
Die durch das jeweilige Mischungsverhältnis bestimmte Farbe der Melange war in Wien Anlass beinahe philosophischer Diskussionen. Und jedes Kaffeehaus hat sein eigenes Rezept.

aus 1001 Nacht

Türkischer Kaffee

Für 2 Personen | ⊕ 10 Min. Zubereitungszeit
Pro Portion ca. 40 kcal

4 TL Zucker
4 gehäufte TL fein gemahlenes Kaffeepulver
(Mokka)
1 türkischer Cezve (schmales Messingtöpfchen
mit langem Griff; ersatzweise 1 kleiner Topf)

1 ¼ l kaltes Wasser mit dem Zucker in den Cezve geben und verrühren. Das Kaffeepulver dazugeben und unter Rühren erhitzen (es soll sich leichter Schaum auf der Oberfläche bilden).

2 Sobald der Kaffee brodelnd zu kochen beginnt, ⅓ davon auf zwei Tassen verteilen. Den Vorgang wiederholen, dann den Rest in die Tassen gießen. Jetzt nur noch das Kaffeepulver absetzen lassen und den Kaffee heiß genießen.

macht munter / fruchtig

Orangen-Kaffee

Für 2 Personen | ⊕ 15 Min. Zubereitungszeit
Pro Portion ca. 215 kcal

1 Bio-Orange
6 Gewürznelken
3 EL brauner Zucker
300 ml starker heißer Kaffee
100 g Sahne

1 Die Orange heiß abwaschen, trocken reiben und 1 TL Schale abraspeln. Die Orange halbieren, aus der Mitte 2 dicke Scheiben herausschneiden und die restlichen Fruchthälften auspressen.

2 Die Orangenscheiben mit den Nelken spicken und mit dem Zucker in einen kleinen hohen Topf geben. Erhitzen, bis der Zucker zu schmelzen beginnt, dann den Orangensaft zugießen. 3 Min. einkochen lassen, bis die Flüssigkeit etwas eingedickt ist. Mit dem Kaffee auffüllen und in 2 Punschgläser geben.

3 Die Sahne steif schlagen, auf die Kaffees geben und mit Orangenschale bestreut sofort servieren.

wärmend / würzig

Orientalische Mokkamilch

Für 2 Personen | 15 Min. Zubereitungszeit
Pro Portion ca. 235 kcal

1 Bio-Orange
4 Stück Würfelzucker
350 ml Milch
4 grüne Kardamomkapseln
1 Zimtstange
2 Gewürznelken
$1/8$ l frisch gekochter, starker Mokka (ersatzweise Espresso)
2 EL Honig (ersatzweise Zucker)
2 EL Orangenlikör
1 EL ungesalzene Pistazien

1 Die Orange heiß waschen, die Schale mit den Würfelzuckerstückchen über einem Topf abreiben. Zuckerreste dazugeben.

2 Milch mit den Gewürzen zur Orangenschale in den Topf geben und erhitzen, aber nicht kochen lassen. Vom Herd ziehen, 10 Min. ziehen lassen, dann durch ein Sieb gießen. Nochmals erwärmen und im Topf mit dem Pürierstab aufschäumen.

3 Milch in Gläser füllen. Den Mokka mit Honig und Likör verrühren und in die Milch gießen. Die Pistazien sehr fein hacken und darüberstreuen. Gleich servieren.

luftig / zum Löffeln

Cremiger Mokkaschaum

Für 2 Personen | 10 Min. Zubereitungszeit
Pro Portion ca. 140 kcal

2 EL Kakaopulver
350 ml fettarme Milch
1 EL Zucker
$1/8$ l frisch gekochter Espresso
1 EL Schokoladensirup nach Belieben

1 Das Kakaopulver mit wenig kalter Milch oder auch Wasser anrühren. Restliche Milch in einem Topf erhitzen, aber nicht kochen lassen. Die Hälfte davon abnehmen und mit dem angerührten Kakao und dem Zucker vermischen.

2 Pure Milch und Kakaomilch jeweils mit dem Milchaufschäumer aufschäumen. Erst die reine Milch, dann den Kakao und zum Schluss den Espresso vorsichtig in hohe Tassen oder Gläser füllen. Die Flüssigkeiten sollen sich nicht vermischen. Nach Belieben mit dem Sirup beträufeln. Gleich servieren!

aromatisch

Pflümli-Kaffee

Für 2 Personen | ⊕ 10 Min. Zubereitungszeit
Pro Portion ca. 120 kcal

3 EL Zwetschgenmus | 1 Prise gemahlene Nelken | 3 EL Zwetschgenwasser
(nach Belieben) | 40 g Schlagsahne | 1 TL Zucker | 300 ml heißer Kaffee |
Kakaopulver | Zimtpulver zum Bestreuen

1 Das Zwetschgenmus mit den Nelken und 2 EL Zwetschgenwasser (ersatzweise
Wasser) in einem Topf glatt rühren und bei schwacher Hitze erwärmen.

2 Die Sahne mit dem Zucker und nach Belieben dem restlichen Zwetschgenwasser
nur leicht, nicht ganz steif schlagen.

3 Den Kaffee zum Zwetschgenmus gießen und das Kakaopulver dazugeben. Mit
dem Schneebesen durchrühren und in 2 Tassen gießen. Schlagsahne darauf verteilen, leicht einrühren und mit Zimt bestäuben.

Kaffee mit Schuss

Latte ristretto

Für 2 Personen | ⊚ 10 Min. Zubereitungszeit
Pro Portion ca. 110 kcal

300 ml Milch
1/8 l frisch gekochter Espresso
1 ½ EL Espressosirup (s. Tipp;
ersatzweise 1 EL Zucker)
2 EL Sambuca (Anislikör)
6 Kaffeebohnen

1 Die Milch im Topf erhitzen, aber nicht kochen lassen. In Gläser füllen und mit dem Milchaufschäumer aufschäumen.

2 Den Espresso mit dem Sirup und dem Sambuca verrühren und im Zickzackmuster in die Milch laufen lassen. Mit den Kaffeebohnen garnieren.

TIPP
Für 350 ml Espressosirup 250 g Zucker in einem Topf mit 100 ml Wasser erhitzen und auflösen lassen. Etwa 5 Min. sprudelnd kochen lassen, dann 200 ml frisch gekochten Espresso dazugeben und den Topf gleich vom Herd ziehen (kocht leicht über). 1–2 EL Orangenlikör (ersatzweise abgeriebene Bio-Orangenschale) untermischen. Den Sirup in eine Flasche füllen und verschließen. Im Kühlschrank aufbewahren. Haltbarkeit: 1 Jahr.

sahnig / mild

Weiße Schoko-Latte

Für 2 Personen | ⊚ 10 Min. Zubereitungszeit
Pro Portion ca. 385 kcal

75 g weiße Kuvertüre
300 ml Milch
1 Vanilleschote
1 EL Ahornsirup
1/8 l heißer Espresso
2 EL fertig gekaufte Schokoladensauce
Schokoladenspäne zum Bestreuen

1 Die Kuvertüre grob zerbröckeln und mit der Milch in einen Topf geben. Die Vanilleschote aufschlitzen und Mark herauskratzen. Beides zur Milch geben.

2 Die Kuvertüre unter Rühren bei kleiner Hitze schmelzen. Ahornsirup unterrühren, vom Herd nehmen. Vanilleschote herausfischen, Schokomilch kräftig aufschäumen und in Gläser füllen.

3 Den Espresso mit der Schokoladensauce mischen und im Zickzackmuster über die Milch gießen. Mit Schokospänen bestreuen.

TIPP
Schoko-Latte schmeckt auch kalt. Dazu Milch und Kaffee abkühlen lassen, kalte Milch aufschäumen und mit je 2 Kugeln Schoko- oder Mokkaeis auf Gläser verteilen. Kaffee darübergießen und mit Schokospänen verzieren.

Klassiker

Café brûlot

(im Bild hinten)

Für 2 Personen | 🕙 10 Min. Zubereitungszeit
Pro Portion ca. 120 kcal

1 Zimtstange | 2 Nelken | Schale von ½ Bio-Orange |
Schale von ½ Bio-Zitrone | 4 TL Zucker | 4 cl Cognac |
2 cl Orangenlikör (z. B. Cointreau) | ¼ l heißer
starker Kaffee

1 Zimtstange, Nelken, Orangen- und Zitronenschale
mit dem Zucker, Cognac und Orangenlikör in einen
Topf geben und verrühren, bis sich der Zucker aufgelöst hat.

2 Die Gewürz-Alkohol-Mischung mit einem Streichholz anzünden. Wenn die Flamme zu erlöschen beginnt, den Kaffee nach und nach vorsichtig zugießen.
Durch ein Sieb in Tassen abgießen. Nach Belieben
auch mit geschlagener Sahne servieren.

Klassiker

Irish Coffee

(im Bild Mitte)

Für 2 Personen | 🕙 10 Min. Zubereitungszeit
Pro Portion ca. 230 kcal

75 g Sahne | 2 TL brauner Zucker
8 cl irischer Whiskey
400 ml heißer starker Kaffee
1 TL Kakaopulver
Irish-Coffee-Gläser

1 Zum Vorwärmen die Kaffeegläser mit heißem Wasser füllen. Die Sahne nur leicht und nicht ganz steif
schlagen.

2 Das Wasser aus den Gläsern gießen. Zucker, Whiskey und Kaffee in die Gläser geben. Rühren, bis sich
der Zucker aufgelöst hat. Die Sahne darauf verteilen
und mit Kakaopulver bestäuben.

TIPP
Für Irish Coffee gibt es spezielle Rechauds. Das Glas
wird in einem Ständer über eine Flamme gehalten
und der Kaffee durch Drehen des Glases erhitzt.

Klassiker

Rüdesheimer Kaffee

(im Bild vorne)

Für 2 Personen | 🕙 15 Min. Zubereitungszeit
Pro Portion ca. 260 kcal

50 g Sahne | 1 Päckchen Vanillezucker | 6 Stück
Würfelzucker | 8 EL Weinbrand | 300 ml heißer
Kaffee | 2 TL Schokoladenspäne | 2 Becher für
Rüdesheimer Kaffee (ersatzweise hohe Becher)

1 Die Sahne mit dem Vanillezucker steif schlagen. Je
3 Stück Würfelzucker in die Becher geben.

2 Den Weinbrand in einem Topf erhitzen, über den
Zucker gießen und mit einem Streichholz anzünden.
Sobald die Flamme erloschen ist, den Kaffee vorsich-
tig darübergießen.

3 Die Sahne auf dem Kaffee verteilen und mit Schokospänen bestreuen.

wärmend / cremig

Heiße Kokos-Schoki

Für 2 Personen
⏲ 10 Min. Zubereitungszeit
Pro Portion ca. 270 kcal

50 g Zartbitterschokolade
1 Vanilleschote
300 ml Milch
100 ml Kokosmilch
3 EL Kokoslikör
1 EL Zucker
1 EL Kokosflocken
1 Prise gemahlene Nelken

1 Die Schokolade in Stücke brechen, Vanilleschote der Länge nach aufschlitzen und das Mark herauskratzen. Alles mit der Milch und der Kokosmilch in einem Topf erhitzen, aber nicht kochen lassen.

2 Den Kokoslikör und den Zucker dazugeben und die Milch mit dem Milchaufschäumer gut aufschäumen. In hohe Tassen füllen. Die Kokosflocken und die gemahlenen Nelken mischen und daraufstreuen.

TAUSCH-TIPP
Weiße Schokolade statt Zartbitter macht die Heiße Kokos-Schoki etwas milder.

VARIANTE – MANDELMILCH
Mandelmilch gefällig? Dann einfach die Kokosmilch durch die gleiche Menge Mandelmilch, den Kokoslikör durch Amaretto und die Kokosflocken durch gemahlene Mandeln ersetzen.

mild / belebend

Hot Mint

Für 2 Personen
🕐 10 Min. Zubereitungszeit
Pro Portion ca. 510 kcal

½ l Milch
3 Zweige frische Minze
10 Blättchen Minze-Schokolade
(z. B. After eight)
1 EL Zucker nach Belieben
100 g Sahne
2 TL Schokoladenraspel

1 Die Milch mit 1 Zweig Minze aufkochen lassen. Die Minze-Schokolade mit dem Schneebesen hineinrühren und schmelzen. Nach Belieben mit etwas Zucker zusätzlich süßen.

2 Je einen Zweig Minze in 2 große Punschgläser geben und die heiße Minze-Milch darübergießen.

3 Die Sahne steif schlagen und als Haube daraufsetzen. Mit Schokoladenraspeln bestreut servieren.

WÜRZ-VARIANTE

Hot Spicy Chocolate: Ein idealer Partner zu Schokolade ist nicht nur die Minze, mehr als einen Versuch wert ist der leicht würzig-scharfe Thymian in Verbindung mit Zartbitterschokolade (nach Belieben auch mit Nougatfüllung). Dafür ½ l Milch mit 1 Zweig Thymian langsam erhitzen, ½ Tafel Schokolade darin auflösen, eventuell mit Zucker nachsüßen. Je 1 Zweig Thymian in 2 große Tassen oder Becher geben und die heiße Schokolade darübergießen. Auch hier kann eine feine Sahnehaube nie schaden.

cremig/mild

Heißer Kakao

(im Bild vorne)

Für 2 Personen | ⏲ 10 Min. Zubereitungszeit
Pro Portion ca. 285 kcal

25 g Kakaopulver
2 EL Zucker
½ l Milch
2 EL steif geschlagene Sahne
Kakaopulver zum Bestäuben

1 Kakaopulver mit dem Zucker mischen und mit 2 EL kalter Milch gut verrühren.

2 Die Milch in einen Topf gießen und erhitzen, aber nicht kochen lassen. Den angerührten Kakao mit dem Schneebesen unterschlagen.

3 Den Kakao in hohe Tassen füllen und nach Belieben mit dem Milchaufschäumer aufschäumen. Mit je 1 EL geschlagene Sahne garnieren und mit etwas Kakaopulver bestäuben.

AROMA-VARIANTEN

Vanille-Schokolade: 1 Vanillestange aufschlitzen, das Mark herauskratzen. Mark und Stange in der Milch aufkochen lassen. Den angerührten Kakao unterschlagen, mit ½ TL Zimtpulver und 1 Prise Chilipulver würzen. Nach Belieben süßen und mit einer Sahnehaube krönen.
Den Kakao kann man auch mit Alkohol anreichern. Gut passen Orangenlikör oder Whiskey.
Weitere Aroma-Highlights setzen 1 EL Haselnuss- oder Mandelmus, ein Sahneklecks und geriebene, leicht angeröstete Nüsse.

wärmend/würzig

Heiße Schokolade

(im Bild hinten)

Für 2 Personen | ⏲ 10 Min. Zubereitungszeit
Pro Portion ca. 210 kcal

50 g Zartbitterschokolade
400 ml Milch
1 kräftige Prise Zimtpulver
1 kräftige Prise Chilipulver
2 EL steif geschlagene Sahne (nach Belieben)

1 Die Schokolade in kleine Stücke brechen und mit der Milch in einen Topf geben. Bei mittlerer Hitze langsam erhitzen, aber nicht kochen lassen. Dabei immer gut rühren, damit die Schokolade gleichmäßig schmilzt und nicht anbrennt.

2 Schokoladenmilch mit Zimt und Chili abschmecken. In große hohe Tassen füllen, mit dem Milchaufschäumer gut aufschäumen. Nach Belieben 1 EL geschlagene Sahne auf jede Tasse Schokoladenmilch setzen. Schön heiß servieren.

SCHOKOLADEN-VARIANTEN

Spanische Chocolate: Für 2 Tassen 100 g Edelbitterschokolade fein hacken. Mit 170 ml Wasser in einem Topf unter Rühren schmelzen. ⅓ TL Maisstärke mit 1 EL kaltem Wasser anrühren. In die Schokolade rühren und dreimal kurz aufkochen lassen. Wer es gerne cremig mag, setzt der heißen Schokolade noch ein Sahnehäubchen auf und bestreut es mit Schokoladenspänen.
Für eine Schoki mit Schuss 1 EL Amaretto oder guten Cognac unterrühren.

very british

Englischer Tee

Für 2 Personen | ⏱ 10 Min. Zubereitungszeit
Pro Portion ca. 50 kcal

½–1 TL Teeblätter (z. B. Orange Pekoe) | Sahne oder Milch | Kandis oder Zucker

1 Die Teeblätter in eine Kanne geben, mit 250 ml kochendem Wasser übergießen. Zugedeckt 2 Min. (anregend) bis 5 Min. (beruhigend) ziehen lassen. Nach Belieben mit Sahne oder Milch und Zucker oder Kandis servieren.

MINZTEE
2 Zweige frische Minze mit Zucker nach Geschmack mit einem Löffel leicht zerquetschen. Frisch gebrühten Tee darüber abseihen und 3 Min. ziehen lassen.

GEWÜRZTEE
Für 4 Tassen ½ Zimtstange, 1 TL Kardamomkapseln und 2 Nelken mit 300 ml Wasser aufkochen, 15 Min. ziehen lassen, mit Honig süßen. 200 ml Milch dazugeben und aufkochen lassen. 2 TL Teeblätter hineinrühren, 4 Min. ziehen lassen, durch ein Sieb abseihen.

Spezialität aus Indien

Kardamom-
milch

Für 2 Personen | ⓐ 20 Min. Zubereitungszeit
Pro Portion ca. 110 kcal

3 grüne Kardamomkapseln
1 gehäufter TL schwarze Teeblätter (z. B. Ceylontee)
1 Stück Bio-Orangenschale (ersatzweise Limetten-schale)
¼ l Milch
4 TL Zucker

1 Die Kardamomkapseln mit ¼ l Wasser in einen Topf geben, zum Kochen bringen. 10 Min. bei mittlerer Hitze leicht kochen lassen, dann den Topf vom Herd ziehen und noch weitere 10 Min. ziehen lassen.

2 Teeblätter in eine vorgewärmte Teekanne geben. Kardamomwasser mit der Orangenschale dazugeben, etwa 3 Min. ziehen lassen.

3 Die Milch mit dem Zucker erwärmen. Tee durch ein Sieb dazugießen. Sofort servieren!

scharf/wärmend

Yogi-Tee rich

Für 2 Personen | ⓐ 25 Min. Zubereitungszeit
Pro Portion ca. 165 kcal

1 EL Yogi-Teemischung
¼ l Milch
50 g Sahne
½ Päckchen Bourbon-Vanillezucker

1 Die Teemischung mit ¼ l Wasser zum Kochen bringen. Bei schwacher Hitze 20 Min. zugedeckt sanft kochen lassen.

2 Die Milch erwärmen und den Yogi-Tee durch ein Sieb dazugießen. Die Sahne mit dem Vanillezucker halbsteif schlagen. Yogi-Tee in Tassen füllen. Sahne daraufgeben und mit einem Spieß oder Löffelstiel spiralförmig im Tee verteilen.

TIPP
Man kann sich die Yogi-Mischung aus 4 Kardamom-kapseln, 4 Pfefferkörnern, 3 Gewürznelken, ½ Zimt-stange und 1 Scheibe frischem Ingwer auch selbst mörsern.

süß/belebend

Orangen-punsch (im Bild hinten)

Für 2 Personen | ⏱ 15 Min. Zubereitungszeit
Pro Portion ca. 110 kcal

2 EL starker aromatischer schwarzer loser Tee
(z. B. Orange Pekoe)
3 Bio-Orangen
2 Gewürznelken
1 Sternanis
2 EL Zucker
2 Kandisstangen zum Umrühren

1 Die Teeblätter mit 350 ml kochendem Wasser über-gießen und 5 Min. ziehen lassen. 1 Orange heiß wa-schen, abtrocknen, die Schale mit einem scharfen Messer oder einem Sparschäler ganz dünn spiralför-mig abschälen. Die Spirale halbieren und in zwei große Punschgläser geben.

2 Die Orangen auspressen und den Saft mit den Nelken, dem Sternanis und dem Zucker bis knapp vor dem Siedepunkt erhitzen. 5 Min. bei schwacher Hitze ziehen, aber nicht kochen lassen.

3 Den Tee und den gewürzten Orangensaft durch ein Sieb über die Orangenschalen abgießen. Mit den Kandiszuckerstäben sofort heiß servieren.

süß/entspannend

Holunder-punsch (im Bild vorne)

Für 2 Personen | ⏱ 15 Min. Zubereitungszeit
Pro Portion ca. 180 kcal

250 ml Holundersaft (aus dem Reformhaus)
250 ml naturtrüber Apfelsaft
2 EL Birnendicksaft (ersatzweise Honig)
1 Zimtstange (ca. 5 cm)
3 Gewürznelken
1 Stück Schale von 1 Bio-Orange
½ Vanilleschote
1 EL Honig

1 Den Holundersaft mit dem Apfelsaft in einem kleinen hohen Topf vermischen. Den Birnendicksaft unterrühren und Zimt, die Gewürznelken und die Orangenschale dazugeben.

2 Die Vanilleschote längs aufschlitzen, das Mark he-rauskratzen und beides in den Saft geben. Einmal aufkochen und zugedeckt 5 Min. ziehen lassen.

3 Durch ein Sieb in zwei große Punschgläser füllen und sofort heiß servieren. Nach Belieben mit Honig süßen.

vitalisierend / fruchtig

Hagebutten-
punsch

Für 2 Personen | ⊚ 15 Min. Zubereitungszeit
Pro Portion ca. 50 kcal

2 Gewürznelken
2 Beutel Hagebuttentee
100 g Himbeeren (TK)
100 ml schwarzer Johannisbeersaft
2 TL Zucker
2 Prisen Zimtpulver
2 Zimtstangen

1 300 ml Wasser mit den Gewürznelken zum Kochen bringen, die Teebeutel hineinhängen und 5 Min. ziehen lassen.

2 Nelken und Teebeutel herausnehmen, die Himbeeren dazugeben, vorsichtig erhitzen, bis sie aufgetaut sind und pürieren. Den Johannisbeersaft dazugießen und bis knapp vor dem Siedepunkt erhitzen. Mit dem Zucker abschmecken.

3 Den Drink in zwei große Punschgläser füllen, mit Zimtpulver bestreuen und die Zimtstangen zur Dekoration hineinstecken.

süß-säuerlich

Glühapfel

Für 2 Personen | ⊚ 15 Min. Zubereitungszeit
Pro Portion ca. 200 kcal

1 säuerlicher Apfel
400 ml Apfelsaft
2 EL Rosinen
1 EL Zucker
3 Gewürznelken
1 Zimtstange (ca. 5 cm)
1 Zitrone

1 Den Apfel schälen, das Kerngehäuse entfernen und das Fruchtfleisch in kleine Würfel schneiden.

2 Apfelwürfel mit dem Apfelsaft, den Rosinen, Zucker, Gewürznelken und Zimtstange in einen Topf geben, einmal aufkochen und bei schwacher Hitze 5 Min. ziehen lassen.

3 Die Nelken und den Zimt entfernen und mit dem Pürierstab grob pürieren, sodass noch einige Apfelstücke erhalten bleiben. Die Zitrone auspressen, den Saft einrühren und in zwei hohe Punschgläser füllen.

cremig/sanft

Eierpunsch free

Für 2 Personen | ◉ 20 Min. Zubereitungszeit
Pro Portion ca. 135 kcal

2 EL loser aromatischer schwarzer Tee | 1 Orange | 2 Eigelbe | 2 EL Zucker |
1 Päckchen Vanillezucker

1 Den Tee mit 350 ml kochendem Wasser aufgießen und 10 Min. ziehen lassen.

2 Die Orange auspressen. Eigelbe mit dem Zucker und dem Vanillezucker im heißen Wasserbad mit dem Schneebesen unter ständigem Schlagen schaumig rühren.

3 Den Orangensaft zur Eiermasse geben und weiterschlagen, bis das Gemisch schaumig ist. Nach und nach den Tee unterschlagen und fast kochend in vorgewärmten großen Punschgläsern servieren.

Die süßen Kleinen

Auch die kleinen Freuden im Leben lassen ein Genießer-Herz höher schlagen. Mal fruchtig, mal knusprig, mal gefüllt und mal ganz pur präsentieren sich süße Muffins, Brownies, Waffeln, Teilchen, Cookies & Co.

gelingt leicht

Marshmallow-Muffins

Für 12 Stück | ⏱ 20 Min. Zubereitungszeit | 30 Min. Backen
Pro Stück ca. 270 kcal

100 g Zartbitterschokolade | 100 g Butter | 250 g Mehl | 2 TL Backpulver |
¼ TL Salz | 2 Eier | 125 g Zucker | 125 g Sahne | 125 g Mini-Marshmallows |
Muffinblech und 12 Papierförmchen

1 Ofen auf 180° (Umluft 160°) vorheizen. Förmchen in das Muffinblech setzen. Schokolade mit Butter schmelzen. Mehl, Backpulver und Salz mischen. Eier mit Zucker, Schokobutter und Sahne verquirlen. Mehlmischung unterrühren. 75 g Marshmallows unterheben.

2 Teig in die Förmchen füllen. Im Ofen (Mitte) 30 Min. backen. Nach 25 Min. restliche Marshmallows vorsichtig auf den Muffins verteilen und zu Ende backen.

für den Kindergeburtstag

Marmor-Muffins

Für 12 Stück | ⊕ 15 Min. Zubereitungszeit | 25 Min. Backen
Pro Stück ca. 250 kcal

100 g Zartbitterschokolade | 125 g Nussnougat | 250 g Mehl | 2 TL Backpulver |
2 Eier | 200 g Joghurt | 100 g Zucker | 1 Päckchen Vanillezucker | 75 ml Öl |
Muffinblech und Fett für die Form

1 Den Backofen auf 180° (Umluft 160°) vorheizen. Die Muffinform fetten und kalt stellen.

2 Schokolade in Stücke brechen und schmelzen. Nougat klein schneiden, zur Schokolade geben und unter Rühren schmelzen.

3 Mehl und Backpulver mischen, Eier, Joghurt, Zucker, Vanillezucker und Öl verquirlen. Mehlmischung unterrühren.

4 Teig in die Vertiefungen füllen. Schokoladen-Nougat-Mischung auf dem Teig verteilen und mit einer Gabel spiralenförmig wie bei einem Marmorkuchen unter den Teig ziehen. Im Backofen (Mitte) 20–25 Min. backen. 5 Min. im Blech ruhen lassen und auf einem Kuchengitter auskühlen lassen.

TAUSCH-TIPP
Wer es weniger herb mag, tauscht die Zartbitterschokolade einfach gegen Vollmilch-, Nougat- oder weiße Schokolade aus.

SERVIER-TIPP
Absolute Schokoladen-Fans geben den Muffins noch einen schokoladigen Anstrich. Dafür nach Belieben 150 g Zartbitter- oder Vollmilchkuvertüre im heißen Wasserbad schmelzen, die Muffins damit bestreichen und trocknen lassen.

saftig/fruchtig

Apple-Crumble-Muffins (im Bild rechts)

Für 12 Stück | ⏱ 20 Min. Zubereitungszeit |
30 Min. Backen
Pro Stück ca. 195 kcal

400 g Äpfel (geputzt etwa 300 g)
1 TL Zimtpulver
2 EL Zitronensaft
2 EL Zucker
100 g Mehl
100 g gemahlene Mandeln
100 g Zucker
100 g weiche Butter
Muffinblech und 12 Papierförmchen

1 Den Backofen auf 180° (Umluft 160°) vorheizen. Papierförmchen in die Vertiefungen setzen. Die Äpfel schälen, vierteln, die Kerngehäuse entfernen und die Viertel würfeln. Mit Zimtpulver, Zitronensaft und 2 EL Zucker mischen.

2 Mehl mit Mandeln und Zucker mischen. Die Butter dazugeben und mit den Händen oder dem Handrührgerät zu Streuseln verarbeiten.

3 Die Hälfte der Streusel in die Förmchen füllen. Die Apfelwürfel daraufgeben und mit den restlichen Streuseln bedecken.

4 Im Backofen (Mitte) 25–30 Min. backen. Im Blech 5 Min. ruhen lassen, herausnehmen und auf einem Kuchengitter auskühlen lassen.

UND DAZU? – VANILLESAHNE
Dafür 200 g Sahne steif schlagen und mit 150 g Vanillejoghurt verrühren. Wer es süßer mag, gibt noch 1 TL Zucker oder Bourbon-Vanillezucker dazu.

saftig/für Gäste

Quark-Schoko-Muffins (im Bild links)

Für 12 Stück | ⏱ 20 Min. Zubereitungszeit |
25 Min. Backen
Pro Stück ca. 150 kcal

Für den Mürbeteig:
50 g Mehl
1 EL Kakaopulver
1 EL Zucker
1 Prise Salz
40 g Butter

Für die Quarkmasse:
2 Eier
500 g Quark
100 g Zucker
1 Päckchen Vanillepuddingpulver
1 Päckchen Vanillezucker
2 TL Backpulver
Muffinblech und 12 Papierförmchen

1 Den Backofen auf 180° (Umluft 160°) vorheizen. Papierförmchen in die Vertiefungen der Muffinform setzen.

2 Mehl, Kakao, Zucker und Salz mischen. Butter in Flöckchen dazugeben und alles rasch zu einem glatten Teig verkneten. Jeweils ein Stück Teig als Boden in die Förmchen drücken.

3 Eier mit Quark, Zucker, Puddingpulver, Vanillezucker und Backpulver rasch verrühren. Die Masse in die Förmchen auf den Mürbeteig geben.

4 Im vorgeheizten Ofen (Mitte) 25 Min. backen. Im Backofen 5 Min. ruhen lassen, herausnehmen und auf einem Kuchengitter auskühlen lassen.

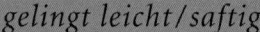

gelingt leicht / saftig

Marzipan-Frucht-Muffins

Für 12 Stück | ⏲ 25 Min. Zubereitungszeit | 20 Min. Backen
Pro Stück ca. 240 kcal

1 Bio-Orange | 100 g getrocknete Aprikosen | 100 g Marzipanrohmasse | 100 ml
Orangensaft | 50 g gehackte Mandeln | 250 g Mehl | 2 ½ TL Backpulver | 2 Eier |
100 g Zucker | 300 g Buttermilch | 80 ml Öl | Muffinblech und Fett für die Form

1 Orange waschen, abtrocknen und die Schale mit dem Zestenreißer abziehen,
Saft auspressen. Aprikosen und Marzipan würfeln, mit Orangensaft pürieren.
Mandeln unterrühren.

2 Das Muffinblech fetten und kalt stellen. Den Backofen auf 180° (Umluft 160°)
vorheizen.

3 Mehl und Backpulver mischen. Die Eier mit Zucker, Orangenschale, Buttermilch und Öl verquirlen. Die Mehlmischung zügig unterrühren.

4 Die Hälfte des Teigs in die Vertiefungen füllen, je 1 EL Marzipanmasse daraufgeben, mit dem restlichen Teig bedecken. Im Backofen (Mitte) 20 Min. backen.
5 Min. ruhen lassen, herausnehmen und auf einem Kuchengitter auskühlen lassen.

VARIANTE – BLÄTTERTEIG-RÖLLCHEN
Blätterteigplatte aus dem Kühlregal mit der Aprikosenfüllung bestreichen, aufrollen und in 12 gleich große Stücke schneiden. Im Muffinblech oder in Papier-
backförmchen auf dem Blech 10–15 Min. knusprig backen.

zart/cremig

Pudding-Törtchen

Für 12 Stück | ⊚ 30 Min. Zubereitungszeit |
20 Min. Backen
Pro Stück ca. 160 kcal

½ Bio-Zitrone
1 Päckchen Vanillepuddingpulver
4 EL + 120 g Zucker
½ l Milch
200 g Mehl
2 TL Backpulver
2 Eier
250 g Joghurt
70 ml Öl
Muffinblech und Fett für die Form

1 Die Zitrone waschen, abtrocknen und die Schale mit dem Zestenreißer abziehen. Saft auspressen. Pudding nach Packungsanleitung mit 4 EL Zucker und der Milch kochen, dabei die Zitronenschale unterrühren. Den Pudding abkühlen lassen.

2 Den Backofen auf 180° (Umluft 160°) vorheizen. Muffinblech fetten und kalt stellen. Mehl und Backpulver mischen. 120 g Zucker mit den Eiern, Joghurt, Zitronensaft und Öl verquirlen. Die Mehlmischung zügig unterrühren. Den Teig in die Vertiefungen der Form verteilen und jeweils eine Vertiefung für die Füllung hineindrücken.

3 Je 1 EL Pudding in die Mitte des Teigs setzen. Im Backofen (Mitte) in 20 Min. goldbraun backen. 5 Min. im Blech ruhen lassen, herausnehmen und auf einem Kuchengitter auskühlen lassen. Die Muffins schmecken frisch am besten.

ungewöhnlich

Cappuccino-Muffins

Für 12 Stück | ⊚ 15 Min. Zubereitungszeit |
25 Min. Backen
Pro Stück ca. 220 kcal

200 g Doppelrahmfrischkäse
4 EL Preiselbeerkompott
280 g Mehl
2 EL Kakaopulver
2 ½ TL Backpulver
1 Ei
120 g Zucker
75 ml Sonnenblumenöl
200 ml Milch
50 ml doppelt starker, kalter Espresso
Muffinblech und 12 Papierförmchen

1 Backofen auf 180° (Umluft 160°) vorheizen. Papierförmchen in die Vertiefungen des Muffinblechs setzen. Frischkäse mit den Preiselbeeren verrühren. Das Mehl mit Kakao- und Backpulver in einer Schüssel mischen.

2 Das Ei verquirlen und mit Zucker, Öl, Milch und Espresso verrühren. Die Mehlmischung zugeben und unterrühren.

3 Die Hälfte des Teiges in die Förmchen füllen. Je 1 TL Frischkäse daraufgeben und mit dem übrigen Teig auffüllen. Im Backofen (Mitte) 20–25 Min. backen. Dann 10 Min. im Blech ruhen lassen und herausnehmen und auf einem Kuchengitter auskühlen lassen.

zart/saftig

Himbeer-Mandelbaiser-Muffins

Für 12 Stück | ⏱ 25 Min. Zubereitungszeit |
25 Min. Backen
Pro Stück ca. 240 kcal

100 g Butter | 2 Eier
175 ml Milch
100 g Zucker
200 g Mehl
2 TL Backpulver
200 g TK-Himbeeren (nicht auftauen!)
1 Eiweiß
100 g Puderzucker
50 g gemahlene Mandeln
Muffinblech und 12 Papierförmchen

1 Den Backofen auf 180° (Umluft 160°) vorheizen. Papierförmchen in die Vertiefungen des Muffinblechs setzen. Die Butter schmelzen und mit den Eiern, Milch und Zucker verquirlen.

2 Mehl und Backpulver mischen und unter die Eiermischung rühren. Himbeeren unterheben. Den Teig in die Vertiefungen füllen und im Backofen (Mitte) 15 Min. backen.

3 In der Zwischenzeit das Eiweiß sehr steif schlagen. Nach und nach den Puderzucker unterschlagen und zum Schluss die Mandeln unterheben.

4 Baisermasse auf die Muffins geben und weitere 10 Min. backen. Muffins 5 Min. im Blech ruhen lassen und auf einem Kuchengitter auskühlen lassen.

für den Herbst/fruchtig

Zwetschgen-Amarettini-Muffins

Für 12 Stück | ⏱ 25 Min. Zubereitungszeit |
25 Min. Backen
Pro Stück ca. 185 kcal

250 g Zwetschgen
150 g Amarettini (italienisches Mandelgebäck)
150 g Mehl
3 TL Backpulver
2 Eier
200 g Joghurt
100 g Zucker
75 ml Öl
Muffinblech und 12 Papierförmchen

1 Den Backofen auf 180° (Umluft 160°) vorheizen. Die Papierförmchen in die Vertiefungen des Muffinblechs setzen.

2 Zwetschgen waschen, putzen und klein würfeln. Amarettini in einem Gefrierbeutel fein zerdrücken, 50 g gröbere Krümel zum Bestreuen beiseitestellen. 100 g Amarettini mit Mehl und Backpulver mischen, Zwetschgen untermengen.

3 Eier mit Joghurt, Zucker und Öl verrühren. Die Mehlmischung zügig unterrühren.

4 Den Teig in die Vertiefungen füllen, mit den beiseitegestellten Amarettini bestreuen. Im Backofen (Mitte) 20–25 Min. backen. Im Blech 5 Min. ruhen lassen, herausnehmen und auf einem Kuchengitter abkühlen lassen.

Klassiker mal anders

Weiße Blaubeer-Muffins

Für 12 Stück | ⏱ 20 Min. Zubereitungszeit | 25 Min. Backen
Pro Stück ca. 230 kcal

150 g weiße Schokolade | 200 ml Milch | 250 g Mehl | 2 TL Backpulver | 2 Eier |
75 g Zucker | 1 Päckchen Vanillezucker | 75 ml Öl | 250 g TK–Blaubeeren (nicht
auftauen!) | 100 g weiße Kuvertüre | Muffinblech und Fett für die Form

1 Backofen auf 180° (Umluft 160°) vorheizen. Muffinblech fetten und kalt stellen.
Schokolade in kleine Stücke brechen und in der Milch bei mittlerer Hitze schmelzen. Mehl und Backpulver mischen.

2 Eier, Zucker, Vanillezucker, Öl und lauwarme Milchmischung verquirlen. Mehlmischung unterrühren. Blaubeeren unterheben.

3 Teig in die Vertiefungen füllen. Im Backofen (Mitte) 20–25 Min. backen. 5 Min.
im Blech ruhen lassen und auf einem Kuchengitter auskühlen lassen. Nach Belieben mit weißen Kuvertürestreifen verzieren.

TAUSCH-TIPP
Diese Muffins schmecken auch prima mit Himbeeren, Brombeeren, Johannisbeeren oder Erdbeeren. Beeren am besten immer erst zum Schluss vorsichtig
unterheben, damit sie nicht zerfallen und den Teig unschön verfärben.

fruchtig/raffiniert

Orangen-Blondies mit Käsehaube

(im Bild hinten)

Für 1 Backform (20 × 20 cm)
⏱ 30 Min. Zubereitungszeit | 40 Min. Backen
Bei 12 Stück pro Stück ca. 280 kcal

100 g Butter
250 g brauner Zucker
2 Päckchen Vanillezucker
abgeriebene Schale von 1 Bio-Orange
Salz
3 Eier
220 g Mehl
1 TL Backpulver
5 EL Orangensaft
200 g Doppelrahmfrischkäse
Fett für die Form

1 Backofen auf 180° vorheizen. Form fetten. Butter, 150 g Zucker, 1 Päckchen Vanillezucker, die Hälfte der Orangenschale und ¼ TL Salz schaumig rühren. 2 Eier unterrühren. 200 g Mehl und Backpulver mischen, mit dem Saft kurz unterrühren. Teig in die Form streichen.

2 Frischkäse, restlichen Zucker, Vanillezucker und Orangenschale, übriges Ei und Mehl verrühren. Masse auf dem Teig glatt streichen.

3 Blondies im Backofen (Mitte, Umluft 160°) 40 Min. backen. Auf einem Kuchengitter auskühlen lassen, in 12 Stücke schneiden.

trendy/pikant

Scharfe Chili-Brownies

(im Bild vorne)

Für 1 Backform (20 × 20 cm)
⏱ 30 Min. Zubereitungszeit | 25 Min. Backen
Bei 12 Stück pro Stück ca. 360 kcal

100 g Butter
150 g Zartbitterkuvertüre
2 rote Chilischoten
175 g brauner Zucker
1 Päckchen Vanillezucker
Salz | 2 Eier
125 g Mehl
25 g Kakaopulver
1 TL Backpulver
100 g Mandelstifte
150 g weiße Kuchenglasur
Fett für die Form

1 Backofen auf 180° (Umluft 160°) vorheizen. Form fetten. Butter schmelzen. Kuvertüre hacken und in der Butter unter Rühren schmelzen.

2 Chilischoten putzen, entkernen und hacken. Zucker, Vanillezucker, ¼ TL Salz und Eier verrühren. Mehl, Kakaopulver und Backpulver mischen und unterrühren. Butter-Kuvertüre-Mischung unterziehen. 80 g Mandelstifte und Chilis unterheben. Teig in die Form streichen. Im Backofen (Mitte) 25 Min. backen. Auf einem Kuchengitter auskühlen lassen.

3 Kuchenglasur nach Packungsanweisung schmelzen. Kuchen mit der Glasur überziehen. Übrige Mandeln daraufstreuen. Glasur fest werden lassen und Kuchen in 12 Stücke schneiden.

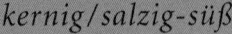

kernig / salzig-süß

Macadamia-Blondies

Für 1 Backform (20 × 20 cm) | ⏱ 20 Min. Zubereitungszeit | 30 Min. Backen
Bei 12 Stück pro Stück ca. 270 kcal

100 g weiche Butter | 150 g brauner Zucker | 1 Päckchen Vanillezucker | 2 Eier |
4 EL Sahne | 200 g Mehl | 1 TL Backpulver | 125 g gesalzene Macadamianüsse |
Fett für die Form

1 Backofen auf 180° vorheizen. Form fetten. Butter, Zucker und Vanillezucker cremig rühren. Eier und Sahne unterrühren. Mehl und Backpulver mischen und unterrühren. Nüsse hacken und untermischen.

2 Teig in die Form streichen. Im Backofen (Mitte, Umluft 160°) 30 Min. backen. Form auf einem Kuchengitter auskühlen lassen. Blondies in 12 Stücke schneiden.

TIPP
Macadamianüsse wachsen in Rispen an einem immergrünen, bis zu ca. 15 Meter hohen Baum. Ihre Heimat ist Ostaustralien. Sie haben eine extrem harte Schale und gehören mit einem Fettgehalt von bis zu 80 % zu den fettesten Nüssen. So erklärt sich auch der zarte Biss. Sie schmecken süßnussig und sind ideal zum Backen, Knabbern und Kochen.

für Gäste / mit Biss

Pekan-Schoko-Brownies

Für 1 Backform (20 × 20 cm) | ⏱ 45 Min. Zubereitungszeit | 35 Min. Backen
Bei 12 Stück pro Stück ca. 350 kcal

150 g Butter | 200 g brauner Zucker | Salz | ½ TL Zimtpulver | 2 Eier |
100 g Mehl | 25 g Kakaopulver | 1 TL Backpulver | 100 g Pekannusskerne |
10 g Kokosfett | 80 g Zartbitterschokolade | 2 EL Haselnuss-Sirup (nach
Belieben) | 100 g Schlagsahne | 12 halbe Pekannusskerne | Fett für die Form

1 Den Backofen auf 180° vorheizen. Form fetten. 120 g Butter, Zucker, Salz, Zimt und Eier verrühren. Mehl, Kakao und Backpulver mischen und unterrühren. Pekannusskerne hacken und unterheben. Teig in die Form streichen. Im Backofen (Mitte, Umluft 160°) 35 Min. backen. Auf einem Kuchengitter auskühlen lassen.

2 Restliche Butter und Kokosfett in einem Topf schmelzen. Schokolade hacken und in der Butter schmelzen. Topf vom Herd nehmen und nach Belieben den Haselnuss-Sirup unterrühren.

3 Kuchen aus der Form lösen und in 12 Stücke schneiden. Mit der flüssigen Glasur überziehen und kalt stellen.

4 Die Sahne steif schlagen und jeweils 1 Klecks auf 1 Brownie geben. Mit den Pekannusshälften verzieren.

VARIANTE
Es muss nicht immer eckig sein: Brownies und Blondies aus der Muffinform geben ein rundes Vergnügen. Reduzieren Sie die Backzeit auf 10–15 Min. und machen Sie die Garprobe mit einem Holzstäbchen.

exotisch / für Gäste

Waffeln mit Mangodip (im Bild)

Für 8 Stück | 🕐 45 Min. Zubereitungszeit
Pro Stück ca. 710 kcal

Für den Mangodip:
1 kleine reife Mango (ersatzweise
Mangos aus der Dose)
3 EL Zucker
200 g Mascarpone
4 cl Rum (nach Belieben)

Für die Waffeln:
300 g Mehl | 200 g Butter
200 g Zucker
2 Päckchen Vanillezucker
250 g Sahne
1 Ei | 1 Prise Salz
Waffeleisen
Fett fürs Waffeleisen

1 Die Mango schälen, das Fruchtfleisch vom Stein lösen und mit Zucker, Mascarpone und Rum pürieren. Den Dip in den Kühlschrank stellen.

2 Die Backflächen des Waffeleisens mit einem Pinsel einfetten, das Waffeleisen zuklappen und aufheizen. Mehl mit Butter, Zucker, Vanillezucker, Sahne, Ei und etwas Salz zu einem glatten Teig verrühren.

3 Jeweils etwa 2 EL Teig in die Mitte der unteren Backfläche geben, das Waffeleisen schließen und jede Waffel darin in etwa 2–3 Min. goldbraun backen.

4 Die fertigen Waffeln auf ein Kuchengitter legen und abkühlen lassen. Die Waffeln zusammen mit dem Mangodip servieren.

lieben auch Kinder

Waffeln mit Bananensahne

Für 12 Stück | 🕐 60 Min. Zubereitungszeit
Pro Stück ca. 350 kcal

Für die Waffeln:
200 g weiche Butter | 200 g Zucker
1 Prise Salz | 1 Päckchen Vanillezucker
4 Eier | 200 g Mehl | ½ TL Backpulver
Waffeleisen
Fett fürs Waffeleisen

Für die Bananensahne:
200 g Sahne | 1 EL Zucker
2 reife Bananen
Saft von 1 Zitrone

1 Butter mit Zucker, Salz und Vanillezucker schaumig schlagen. Nach und nach die Eier dazugeben. Mehl und Backpulver dazusieben und unterrühren.

2 Für die Bananensahne die Sahne mit Zucker steif schlagen. Die Bananen schälen und mit einer Gabel fein zerdrücken. Sofort mit dem Zitronensaft mischen und unter die Sahne heben. In einem Schüsselchen bis zum Servieren kalt stellen.

3 Das Waffeleisen einfetten und erhitzen. Jeweils eine kleine Schöpfkelle Teig einfüllen, verteilen und das Waffeleisen schließen. Die Waffeln in jeweils 3–4 Min. goldbraun backen und warm zusammen mit der Bananensahne servieren.

TAUSCH-TIPP
Sie können die Sahne auch mit frischem Pfirsichpüree aromatisieren oder frische Erd- oder Himbeeren zu den Waffeln reichen.

schnell/gelingen leicht

Walnusswaffeln

Für 6 Stück
🕐 35 Min. Zubereitungszeit
Pro Stück ca. 760 kcal

150 g Walnusskerne
200 g weiche Butter
150 g Zucker
2 Eier
1 TL Zimtpulver
100 g Sahne
300 g Mehl
Waffeleisen
Fett fürs Waffeleisen
Zimtzucker zum Bestreuen

1 Die Backflächen des Waffeleisens mit einem Pinsel einfetten, das Waffeleisen zuklappen und aufheizen.

2 Die Walnusskerne im Blitzhacker grob hacken. Die Butter mit Zucker, Eiern und Zimt schaumig schlagen. Sahne und Mehl unterrühren.

3 Jeweils etwa 2 EL Teig in die Mitte der unteren Backfläche geben, das Waffeleisen schließen und jede Waffel darin in etwa 3 Min. goldbraun backen.

4 Die fertigen Walnusswaffeln auf ein Kuchengitter legen und noch warm mit Zimtzucker bestreuen.

TAUSCH-TIPP
Statt Walnüssen kann man natürlich auch Mandeln, Haselnüsse oder andere Kerne verwenden.

UND DAZU? – ZIMTJOGHURT
Dafür 300 g Joghurt mit ½ TL Zimtpulver und 1 EL Zucker verrühren.

für Gäste / knusprig

Schlotfeger

Für 6 Stück
⊕ 40 Min. Zubereitungszeit
Pro Stück ca. 635 kcal

Für die Waffeln:
125 g weiche Butter
100 g Zucker
100 g Sahne
1 Ei
1 Päckchen Vanillezucker
150 g Mehl
150 g Schokolade
Hörnchen-Waffeleisen
Fett fürs Waffeleisen
Butterbrotpapier

Für die Füllung:
200 g Sahne
1 Päckchen Vanillezucker

1 Die Backflächen des Waffeleisens mit einem Pinsel einfetten, das Waffeleisen zuklappen und aufheizen.

2 Die Butter mit Zucker, Sahne, Ei und dem Vanillezucker schaumig schlagen. Das Mehl unterrühren.

3 Jeweils etwa 1 EL Teig in die Mitte der unteren Backfläche geben, das Waffeleisen schließen und jede Waffel darin in etwa 2 Min. goldbraun backen.

4 Die Waffeln sofort nach dem Backen in Form bringen, sonst lassen sie sich nicht mehr rollen: Waffel auf ein Stück Butterbrotpapier legen und mit Hilfe des Papiers und eventuell eines Topflappens aufrollen. Kurz festhalten, damit die Waffel in Form bleibt, dann abkühlen lassen.

5 Die Schokolade bei milder Hitze schmelzen lassen. Die Enden der Waffelröllchen hineintauchen, abtropfen lassen und die Schokolade auf Butterbrotpapier trocknen lassen.

6 Für die Füllung die Sahne mit dem Vanillezucker steif schlagen, in einen Spritzbeutel füllen und in die Waffelröllchen spritzen.

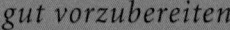

gut vorzubereiten

Apfelmusröllchen

Für 4 Stück | ⊕ 50 Min. Zubereitungszeit
Pro Stück ca. 475 kcal

Für den Teig: ¼ l Milch | 100 g Schmand | 3 Eier | 2 Päckchen Vanillezucker |
7 EL Mehl | Butterschmalz zum Ausbacken

Für die Füllung: 100 g Schmand | 4 EL Apfelmus | 50 g gehackte Mandeln |
1 EL Zucker | etwas Zimtpulver

1 Milch mit Schmand, Eiern, Vanillezucker und dem Mehl verrühren und 10 Min. quellen lassen. Den Backofen auf 200° vorheizen.

2 Das Butterschmalz in einer Pfanne erhitzen und aus dem Teig darin nacheinander vier goldgelbe Crêpes ausbacken.

3 Die Crêpes mit dem Schmand und dem Apfelmus bestreichen, aufrollen und nebeneinander in eine Auflaufform legen.

4 Mandeln mit Zucker und etwas Zimt vermischen und die Röllchen damit bestreuen. Im Ofen (Mitte, Umluft 180°) etwa 5 Min. überbacken.

TAUSCH-TIPP
Anstelle von Apfelmus kann man für die fruchtige Füllung auch selbst gemachte oder fertig gekaufte Rote Grütze nehmen.

Spezialität aus den USA

Blaubeerpfannkuchen

Für 12 Stück
⏱ 30 Min. Zubereitungszeit
Pro Stück ca. 190 kcal

250 g Blaubeeren
200 g Mehl
1 TL Backpulver
1 EL Zucker
1 Prise Salz
3 Eier
¼ l Milch
100 g Butter
Ahornsirup zum Beträufeln

1 Die Blaubeeren verlesen, vorsichtig waschen und in einem Sieb abtropfen lassen.

2 Mehl, Backpulver, Zucker und Salz in einer Schüssel mischen. Mit Eiern und Milch zu einem glatten Teig verquirlen. 50 g Butter schmelzen und unter den Teig rühren. Die Blaubeeren vorsichtig unterheben.

3 Jeweils 1 TL Butter in einer kleinen Pfanne erhitzen. Nacheinander 12 kleine Pfannkuchen (etwa 12 cm ⌀) backen. Mit Ahornsirup beträufelt servieren.

SERVIER-TIPP
Die Blaubeerpfannkuchen entweder direkt aus der Pfanne servieren oder zu einem Turm schichten und bis zum Servieren bei 50° im Backofen warm halten. Statt Blaubeeren schmecken auch frische Cranberries – Kulturpreiselbeeren, die im Herbst bei uns im Handel sind – sehr fein.

gut vorzubereiten/für Gäste

Eisige Crêpes-Päckchen

Für 6 Personen
⏱ 1 Std. Zubereitungszeit
30 Min. Quellen
3 Std. Tiefkühlen
Pro Portion ca. 735 kcal

1 ½ EL Butter
150 g Mehl
350 ml Milch
5 Eier (Größe M)
Salz
4 EL Mineralwasser mit Kohlensäure
200 g Mandelblättchen
600 g Eis (z. B. Karamell-, Vanille-
oder Nusseis)
Fett zum Backen
2 kg Frittierfett

1 Die Butter schmelzen. Mehl und Milch verrühren, 3 Eier, 1 Prise Salz, die Butter und das Wasser unterschlagen. 30 Min. quellen lassen.

2 Etwas Fett in einer Pfanne schmelzen. Aus dem Teig nach und nach im heißen Fett sechs Crêpes backen. Auskühlen lassen.

3 Übrige Eier verquirlen und die Mandelblättchen in eine Schüssel geben. In die Mitte jedes Crêpes 1 Kugel Eis setzen und den oberen und unteren Crêperand darüberschlagen. Mit Ei bepinseln und zur Mitte hin wie ein Päckchen zusammenfalten.

4 Jedes Päckchen in dem Ei wenden oder rundum damit bepinseln. In den Mandelblättchen wenden und andrücken. Nebeneinander auf ein kleines Blech oder auf eine Platte legen. Abdecken, in den Gefrierschrank geben und in etwa 3 Std. durchfrieren lassen.

5 Das Frittierfett in einem weiten und hohen Topf erhitzen. Das Fett ist heiß genug, wenn an einem hineingehaltenen Holzkochlöffelstiel sofort kleine Bläschen aufsteigen. Die gefrorenen Crêpes-Päckchen darin 1–2 Min. ausbacken, bis die Mandelblättchen goldbraun sind. Kurz auf Küchenpapier abtropfen lassen und sofort servieren.

SERVIER-TIPP
Dazu passen Himbeer-, Aprikosen- oder Kirschragout und als Getränk eine Beerenauslese Ruländer (Pinot gris) 1991.

fürs Frühstücksbüffet

Blätterteig-Nuss-Pasteten

Für 12 Stück
◎ 30 Min. Zubereitungszeit
15 Min. Backen
Pro Stück ca. 305 kcal

450 g TK-Blätterteig
50 g Puderzucker
200 g gemahlene Wal- oder Haselnüsse
4 EL Honig
2 Eier
1 Gläschen Anisschnaps (ersatzweise Anistee)

1 Den Backofen auf 200° vorheizen. Blätterteig nach Packungsanweisung antauen lassen und in 5 × 10 cm große Stücke schneiden.

2 Vom Puderzucker 1 EL abnehmen. Aus Nüssen, restlichem Zucker, Honig, 1 Ei und dem Schnaps eine Paste rühren. Davon mit zwei Teelöffeln auf die Teigplatten quer in die Mitte breite, dicke Stränge setzen. Den Teig zusammenklappen und an den Rändern mit einer Gabel zusammendrücken.

3 Das übrige Ei verquirlen und die Pasteten damit bestreichen. Im heißen Ofen (Mitte, Umluft 180°) in 15 Min. goldgelb backen, etwas abkühlen lassen und mit Puderzucker bestreuen.

TIPP
Das Gebäck schmeckt zum Frühstück oder auch als Kaffeegebäck am Nachmittag.

gelingt leicht

Dattelröllchen

Für 24 Stück | ⏱ 40 Min. Zubereitungszeit | 25 Min. Backen
Pro Stück ca. 235 kcal

250 g getrocknete Datteln | je 200 g Mandeln und Walnusskerne | 100 g unge-salzene Pistazienkerne | 7 EL Honig | Saft von 1 Zitrone | 4 EL Rosenwasser | ¼ TL gemahlener Kardamom | 1 TL Zimtpulver | 2 Bögen runder Yufka-Teig (ca. 280 g) | 100 g Butter | Backpapier fürs Blech | Puderzucker zum Bestreuen

1 Die Datteln entsteinen und mit den Nüssen und Pistazien im Blitzhacker zer-kleinern. Mit Honig, Zitronensaft, Rosenwasser und Gewürzen vermengen.

2 Die Teigbögen vierteln, jedes Viertel nochmals dritteln. Butter zerlassen und den Teig mit einem Teil davon bestreichen.

3 Den Backofen auf 200° vorheizen. Blech mit Backpapier auslegen. Die Dattel-masse in 24 Röllchen formen. Jeweils 1 Röllchen auf das breite Ende von 1 Teig-dreieck legen, Teig darüberrollen, die Seiten darübereinschlagen und zur Spitze hin fertig aufrollen.

4 Die Rollen mit der restlichen Butter bestreichen, auf das Blech legen und im Backofen (Mitte, Umluft 175°) in 20–25 Min. goldbraun backen, dabei einmal wenden. Abkühlen lassen und mit Puderzucker überstäuben.

Klassiker aus Wien

Mohnbeugel

Für 10 Stück
🕐 50 Min. Zubereitungszeit
45 Min. Ruhen
30 Min. Backen
Pro Stück ca. 240 kcal

Für den Teig:
½ Würfel Hefe (ca. 20 g)
100 ml Milch
3 EL Zucker
250 g Mehl
1 Eigelb
100 g Butter
1 Ei zum Bestreichen

Für die Füllung:
50 g Zitronat
250 g Mohnback (Fertigprodukt)
2 EL Crème fraîche
½ TL Zimtpulver
3 EL Rum (nach Belieben)
3 EL Paniermehl
Backpapier fürs Blech

1 Die Hefe zerbröckeln und mit zimmerwarmer Milch und 1 EL Zucker verrühren. Mehl und restlichen Zucker in einer Schüssel mischen. In die Mitte eine Mulde drücken und das Eigelb hineingeben, die zimmerwarme Butter in Flöckchen schneiden und am Rand verteilen.

2 Den Hefeansatz zum Mehl geben und alles zügig zu einem glatten Teig verkneten. In eine bemehlte Schüssel legen und 30 Min. abgedeckt im Kühlschrank ruhen lassen.

3 Das Zitronat fein würfeln (bereits gewürfeltes Zitronat fein hacken) und mit der Mohnmasse, Crème fraîche, Zimt, Rum und Paniermehl vermengen.

4 Den Backofen auf 180° vorheizen. Den Teig auf einer bemehlten Arbeitsfläche gut durchkneten, dann in 10 Portionen teilen. Die Teigstücke zu Fladen von ca. 12 cm Länge ausrollen. Die Füllung portionsweise längs in die Mitte des Fladens geben und den Fladen von der Längsseite her zu einem Hörnchen aufrollen. Die Enden gut zusammendrücken. Die Beugel auf ein mit Backpapier belegtes Blech legen.

5 Das Ei verquirlen und die Beugel damit bestreichen und weitere 15 Min. trocknen lassen. Die Beugel im vorgeheizten Ofen (Mitte, Umluft 160°) in etwa 30 Min. goldbraun backen.

macht was her / für Gäste

Zwetschgen-Quark-Kolatschen

Für 16 Stück | ⓦ 2 Std. Zubereitungszeit | 30 Min. Backen
Pro Stück ca. 200 kcal

250 g Mehl | 100 g Zucker | ¼ Würfel Hefe (ca. 10 g) | ca. 75 ml Milch |
40 g Butter | 6 Platten TK-Blätterteig (je 10 × 20 cm) | 400 g Zwetschgen |
150 g Quark (20 % Fett) | 2 Eigelbe | abgeriebene Schale von ½ Bio-Zitrone |
1 Eigelb zum Bestreichen | Mehl für die Arbeitsfläche | Backpapier fürs Blech

1 Aus dem Mehl, 50 g Zucker, der Hefe, Milch und 20 g zerlassener Butter einen Hefeteig zubereiten und 30 Min. gehen lassen. Ein Blech mit Backpapier belegen.

2 Blätterteigplatten antauen lassen. Hefeteig auf wenig Mehl zu einem Rechteck von 20 × 35 cm ausrollen. Eine Blätterteigplatte auf die eine Hälfte der Hefeteigplatte legen, die andere Hälfte der Hefeteigplatte darüberklappen. Eine zweite Blätterteigplatte darauflegen, den Hefeteig wieder darüberschlagen.

3 Teigpaket 10 Min. kühl stellen, wieder zu einem Rechteck von 20 × 35 cm ausrollen, mit zwei weiteren Blätterteigplatten belegen, kühl stellen. Den Vorgang ein drittes Mal wiederholen, den Teig nochmals kühl stellen.

4 Den Teig auf etwa 36 × 36 cm ausrollen. 15 Min. kühl stellen. Den Backofen auf 200° vorheizen. Zwetschgen waschen, entsteinen, längs vierteln. Die übrige Butter zerlassen und mit dem Quark verrühren. 2 Eigelbe, den restlichen Zucker und die Zitronenschale unterrühren.

5 Den Teig in 16 Quadrate schneiden. Jeweils in die Mitte etwas von der Quarkmasse geben und die Zwetschgenviertel darauf verteilen. Teigecken nach innen schlagen, Kolatschen auf das Blech setzen, mit dem übrigen verquirlten Eigelb bestreichen. Im Ofen (Mitte, Umluft 180°) etwa 30 Min. backen.

Klassiker auf neue Art
Marzipan-Schnecken

Für 14 Stück
◎ 25 Min. Zubereitungszeit
55 Min. Ruhen
20 Min. Backen
Pro Stück ca. 245 kcal

¼ l fettarme Milch
500 g Mehl (Type 550)
1 Würfel Hefe (42 g)
100 g Zucker
1 Msp. Salz
1 TL abgeriebene Schale von 1 Bio-Orange
50 g Halbfettmargarine
150 g Marzipanrohmasse
3 EL Kaffeesahne
100 g Rosinen
1 TL Zimtpulver
Mehl für die Arbeitsfläche
Backpapier fürs Blech

1 Die Milch lauwarm erwärmen. Mehl in eine Schüssel geben, in die Mitte eine Mulde drücken, die Hefe hineinbröckeln. 1 TL Zucker daraufgeben und die Hefe mit 6 EL lauwarmer Milch und etwas Mehl vom Rand zu einem Vorteig verrühren. Zugedeckt an einem warmen Ort 15 Min. gehen lassen.

2 50 g Zucker, restliche lauwarme Milch, Salz, Orangenschale und Margarine gründlich unterkneten. Zugedeckt weitere 30 Min., oder bis sich das Volumen verdoppelt hat, gehen lassen.

3 Marzipanrohmasse reiben. Teig kräftig durchkneten, auf einer bemehlten Arbeitsfläche zu einem Rechteck von etwa 30 × 40 cm ausrollen, mit Kaffeesahne bestreichen. Marzipan und Rosinen darauf verteilen, mit Zimtpulver und restlichem Zucker bestreuen. Teig von der schmalen Seite aufrollen, in 14 etwa 2,5 cm breite Stücke schneiden.

4 Den Backofen auf 200° (Umluft 180°) vorheizen. Schnecken auf ein mit Backpapier belegtes Blech legen, 10 Min. gehen lassen. Im Backofen (Mitte) 20 Min. backen, evtl. mit Backpapier abdecken.

saftig

Birnentörtchen

Für 4 Stück
⊚ 35 Min. Zubereitungszeit
Pro Stück ca. 250 kcal

2 Platten TK-Blätterteig
2 reife Birnen (Abate Fetel)
50 g Zucker
½ TL Zimtpulver
2 EL Butter

1 Blätterteigplatten kurz auftauen lassen, quer halbieren und etwas ausrollen. Die Ecken nach innen klappen. Den Backofen auf 200° vorheizen.

2 Die Birnen schälen, vierteln und ohne Kerngehäuse in feine Spalten schneiden. Die Birnenspalten kreisförmig auf dem Blätterteig auslegen. Zucker mit dem Zimtpulver mischen und darüberstreuen. Die Butter in Flöckchen darauf verteilen und die Törtchen im Backofen (Mitte, Umluft 180°) etwa 20 Min. backen. Warm servieren.

Spezialität aus Spanien

Churros

Für 4 Personen | 🕐 30 Min. Zubereitungszeit
Pro Portion ca. 310 kcal

¼ TL Salz
50 ml Öl
100 g Mehl
3 Eier
2 EL Zucker
Öl zum Frittieren
Spritzbeutel mit gezackter Tülle (1 cm ⌀)

1 In einem Topf 175 ml Wasser mit Salz zum Kochen bringen, das Öl hinzufügen. Das Mehl auf einmal hineinschütten und so lange mit einem Holzkochlöffel rühren, bis sich ein glatter Teigkloß bildet. Den Teig »abbrennen« (daher der Name Brandteig), d.h. noch 2 Min. bei mittlerer Hitze weiterrühren.

2 Den Topf vom Herd nehmen. Die Eier einzeln hinzufügen und mit den Quirlen des Handrührgeräts sorgfältig unterrühren.

3 Das Öl in der Fritteuse oder einem Topf erhitzen. Es ist heiß genug, wenn an einem Holzkochlöffelstiel Bläschen aufsteigen. Den Teig in den Spritzbeutel füllen, jeweils 10–12 cm lange Stränge herausdrücken und ins siedende Öl gleiten lassen.

4 Die Churros in etwa 3–4 Min. goldgelb frittieren, dabei gelegentlich wenden. Mit einem Schaumlöffel herausheben, auf Küchenpapier abtropfen lassen und noch warm mit dem Zucker bestreuen.

SERVIER-TIPP
Am besten schmecken die Churros, wenn man sie in heiße Spanische Chocolate (s. Seite 29, Variante) stippt.

mediterran

Mini-Panettone

Für 12 Stück | 🕐 20 Min. Zubereitungszeit |
1 Std. 10 Min. Ruhen | 20 Min. Backen
Pro Stück ca. 320 kcal

500 g Mehl | 1 Würfel frische Hefe (42 g)
100 g Zucker
150 ml lauwarme fettarme Milch
100 g Halbfettmargarine
2 Eier | ½ TL Salz
2 TL abgeriebene Schale von 1 Bio-Zitrone
100 g Rosinen
je 100 g gehacktes Orangeat und Zitronat
12 Souffléförmchen (8 cm ⌀)
Fett für die Förmchen
Puderzucker zum Bestäuben

1 Mehl in eine Schüssel geben, in die Mitte eine Mulde drücken, die Hefe hineinbröckeln. 1 TL Zucker daraufgeben, mit 6 EL Milch und Mehl vom Rand verrühren. Zugedeckt 15 Min. gehen lassen.

2 6–7 EL lauwarme Milch, Margarine, Eier, restlichen Zucker, Salz und Zitronenschale unter den Teig kneten. Zugedeckt 30 Min. gehen lassen.

3 Rosinen, Orangeat und Zitronat unterkneten. Teig nochmals 15 Min. gehen lassen. 12 kleine Förmchen oder hitzebeständge Tassen (z.B. Cappuccinotassen) gründlich einfetten, den Teig einfüllen.

4 Den Backofen auf 200° (Umluft 180°) vorheizen. Teig 10 Min. gehen lassen, die Teigoberfläche kreuzweise einschneiden. Im Backofen (Mitte) 15–20 Min. backen. 10 Min. in den Förmchen abkühlen lassen, dann stürzen und mit Puderzucker bestäuben.

frisch am besten

Windbeutel mit Brombeersahne

Für 18 Stück | ⏱ 40 Min. Zubereitungszeit | 30 Min. Backen
Pro Stück ca. 95 kcal

150 g Mehl | 50 g Butter | 1 Prise Salz | 1 EL Zucker | 4 Eier (Größe L) | 1 Msp.
Backpulver | 180 g Brombeeren (ersatzweise Himbeeren) | 50 g weiße Kuvertüre |
200 g sehr kalte Sahne | Puderzucker zum Bestreuen | Backpapier fürs Blech

1 Den Backofen auf 200° Umluft vorheizen (Ober-/Unterhitze nicht geeignet).
Das Mehl sieben. 1/4 l Wasser mit Butter, Salz und Zucker in einem Topf zum Kochen bringen. Vom Herd nehmen, das Mehl auf einmal hineinschütten und mit
einem Holzkochlöffel rühren, bis sich ein glatter Teigkloß bildet. Den Topf zurück
auf die Kochstelle setzen und den Teig »abbrennen« (daher der Name Brandteig),
d.h. noch 2 Min. bei mittlerer Hitze weiterrühren. Der Teigkloß löst sich dann
vom Topfboden, und es legt sich am Boden eine weiße Teighaut an.

2 Topf vom Herd nehmen, die Eier einzeln mit den Knethaken des Handrührgeräts unter die Teigmasse mischen und vollständig glatt rühren, bevor das nächste
Ei zugegeben wird. Den Teig etwas abkühlen lassen.

3 Der abgekühlte Teig sollte glänzen und mit langen Spitzen vom Löffel reißen.
Backpulver unterrühren. Mit zwei Esslöffeln Teighäufchen von etwa 4 cm ⌀ in
weitem Abstand auf zwei mit Backpapier belegte Bleche setzen. Beide Bleche im
Ofen 20–25 Min. backen.

4 Brombeeren verlesen und waschen. Die Kuvertüre schmelzen, ca. 15 Min. abkühlen lassen. Die Sahne sehr steif schlagen, die noch leicht flüssige Kuvertüre zugeben und zuletzt die Brombeeren unterheben. Die Brombeer-Sahne kühlen.

5 Den Ofen abschalten und die Windbeutel bei leicht geöffneter Backofentür noch
etwa 5 Min. nachbacken lassen. Herausnehmen und noch heiß mit einer Küchen-
schere aufschneiden. 10 Min. abkühlen lassen und anschließend mit der Brombeer-
Sahne füllen. Mit Puderzucker bestäuben und möglichst sofort servieren.

Klassiker aus Portugal

Vanilletörtchen

(im Bild vorne)

Für 12 Stück | ⏲ 25 Min. Zubereitungszeit |
10 Min. Backen
Pro Stück ca. 270 kcal

6 Platten TK-Blätterteig (450 g)
200 g Sahne
2 TL Speisestärke
ausgekratztes Mark von 1 Vanilleschote
6 Eigelbe
80 g Zucker
abgeriebene Schale von 1 Bio-Zitrone
Mehl für die Arbeitsfläche
Muffinform

1 Den Blätterteig auftauen lassen. Backofen auf 225° vorheizen. 4 EL Sahne mit der Stärke verrühren. Restliche Sahne mit Vanillemark, Eigelben, Zucker und Zitronenschale in einem Topf gut verquirlen.

2 Die Eiersahne bei schwacher Hitze unter Rühren erwärmen. Stärke einrühren, unter Rühren weitererhitzen, bis die Sahne andickt (nicht kochen oder zu stark erhitzen, sonst gerinnt das Eigelb) und vom Herd nehmen.

3 Die Blätterteigplatten auf einer bemehlten Arbeitsfläche leicht ausrollen, pro Platte 2 Kreise von je 10 cm Ø ausschneiden. Die Muffinform mit kaltem Wasser ausspülen, Teig in die Mulden legen und andrücken. Die Sahnemasse hineingeben und im vorgeheizten Ofen (Mitte, Umluft 200°) ca. 10 Min. backen. Lauwarm servieren.

orientalischer Klassiker

Sirup-Bällchen

(im Bild hinten)

Für 25 Stück | ⏲ 1 Std. Zubereitungszeit |
70 Min. Ruhen
Pro Stück ca. 155 kcal

Für den Sirup:
200 g Zucker | 200 g Honig | 1 EL Orangenblütenwasser (ersatzweise Zitronensaft)

Für den Teig:
300 g Mehl | je 1 Prise Zimtpulver und gemahlener Kardamom | 1 TL abgeriebene Schale von 1 Bio-Orange | ½ Würfel Hefe (ca. 20 g) | 1 TL Zucker 50 g Butter | 1 Ei | gehackte Pistazien zum Bestreuen | Öl oder Fett zum Frittieren

1 Für den Teig das Mehl, Gewürze und Orangenschale in eine Schüssel geben, in die Mitte eine Mulde drücken. Hefe zerbröckeln, mit Zucker und ⅛ l lauwarmem Wasser verrühren und in die Mulde geben. Die weiche Butter in Flöckchen auf dem Rand verteilen. Zugedeckt ca. 30 Min. gehen lassen.

2 Das Ei verquirlen, zum Vorteig geben und zu einem elastischen Teig kneten (evtl. Wasser zugeben). Zugedeckt weitere 40 Min. gehen lassen.

3 Für den Sirup Zucker, Honig und 150 ml Wasser 5 Min. unter Rühren einkochen. Orangenblütenwasser einrühren, abkühlen lassen.

4 Das Frittierfett erhitzen. Aus dem Teig ca. 25 Bällchen formen. Portionsweise im heißen Fett in 4–5 Min. goldgelb frittieren, dabei einmal wenden. Herausnehmen, auf Küchenkrepp abtropfen lassen und warm stellen. Die Bällchen mit Sirup übergießen und mit den Pistazien bestreuen.

gelingen leicht

Cranberry-Cookies

Für 30 Stück
⏱ 20 Min. Zubereitungszeit
15 Min. Backen pro Blech
Pro Stück ca. 110 kcal

250 g Mehl
½ TL Backpulver
½ TL Natron
1 Prise Salz
200 g weiche Butter
150 g brauner Zucker
1 Päckchen Vanillezucker
1 Ei
3 EL Orangensaft
100 g getrocknete Cranberries
Backpapier fürs Blech

1 Den Backofen auf 180° (Umluft 160°) vorheizen. 2 Backbleche mit Backpapier auslegen. Mehl, Backpulver, Natron und Salz in einer Schüssel mischen.

2 Die Butter, den Zucker und den Vanillezucker in einer zweiten Schüssel schaumig rühren. Das Ei unterrühren. Die Mehlmischung und den Orangensaft kurz unterziehen. Die getrockneten Cranberries sorgfältig unterheben.

3 Mit 2 Esslöffeln kleine Häufchen auf die Backbleche setzen. Jeweils im Backofen (Mitte, Umluft 160°) in 15 Min. goldbraun backen.

4 Die Cookies aus dem Backofen nehmen, mit dem Backpapier auf ein Kuchengitter ziehen und dort auskühlen lassen.

TIPP
Cookies wollen fix gemacht sein, sonst werden sie zäh. Also den Teig nur so lange rühren, bis alle Zutaten untergemischt sind. Umso besser – Zeit für eine Tasse Kaffee in Vorfreude auf die frischen Knusperkekse!

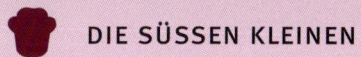

kernig/preiswert

Haferflocken-Cookies

Für 30 Stück | ⏲ 25 Min. Zubereitungszeit |
1 Std. Kühlen | 12 Min. Backen pro Blech
Pro Stück ca. 125 kcal

200 g Mehl
1 TL Backpulver
½ TL Natron | Salz
150 g weiche Butter
175 g brauner Zucker | 2 Eier
100 g zarte Haferflocken
100 g kernige Haferflocken
100 g Rosinen
Puderzucker zum Wenden
Mehl für die Arbeitsfläche
Backpapier fürs Blech

1 Mehl, Backpulver, Natron und ½ gestrichenen TL Salz in einer Schüssel mischen. Butter und Zucker in einer zweiten Schüssel schaumig rühren. Eier unterrühren. Mehlmischung, alle Haferflocken und Rosinen unterkneten. Den Teig zu einer 30 cm langen Rolle formen. Zugedeckt 1 Std. kalt stellen.

2 Ofen auf 200° (Umluft 180°) vorheizen. 2 Bleche mit Backpapier auslegen. Teigrolle mit einem scharfen Messer in 1 cm dicke Scheiben schneiden und in Puderzucker wenden. Auf die Bleche verteilen. Jeweils im Backofen (Mitte) in 12 Min. goldbraun backen.

3 Cookies aus dem Ofen nehmen, mit dem Backpapier auf einem Kuchenrost auskühlen lassen.

schmecken Kindern

Schokoladen-Cookies

Für 30 Stück | ⏲ 20 Min. Zubereitungszeit |
15 Min. Backen pro Blech
Pro Stück ca. 100 kcal

1 Ei
130 g brauner Zucker
2 Päckchen Vanillezucker
150 g weiche Butter
125 g Mehl
25 g Kakaopulver
½ TL Backpulver
¼ TL Salz
150 g Schokotröpfchen
Backpapier fürs Blech

1 Backofen auf 180° (Umluft 160°) vorheizen. 2 Bleche mit Backpapier belegen. Ei, Zucker und Vanillezucker verrühren. Butter unterrühren. Mehl, Kakaopulver, Backpulver und Salz mischen und unterrühren. Schokotröpfchen unterziehen.

2 Mit 2 Esslöffeln kleine Teighäufchen auf die Backbleche setzen. Jeweils im Backofen (Mitte) 15 Min. backen und auf einem Gitter auskühlen lassen.

gelingt leicht

Nussecken

Für 80 Stück | ⏱ 45 Min. Zubereitungszeit |
25 Min. Backen
Pro Stück ca. 90 kcal

Für den Teig:
250 g Mehl
4 EL Zucker
200 g weiche Butter
1 Ei

Für den Belag:
150 g weiche Butter
180 g Puderzucker
2 Eier
200 g gemahlene Haselnüsse
1 TL Zimtpulver
200 g Zartbitterkuvertüre
Fett fürs Blech

1 Ofen auf 200° vorheizen (Umluft 180°). Das Blech einfetten. Aus Mehl, Zucker, Butter und Ei einen glatten Teig kneten und auf dem Blech ausrollen. Den Teig mit einer Gabel mehrfach einstechen.

2 Für den Belag Butter, Puderzucker, Eier, Nüsse und Zimt vermischen und auf den Teig streichen. Im Ofen (Mitte) in 20–25 Min. hellbraun backen. Noch heiß in kleine Dreiecke schneiden und zum Abkühlen vom Blech nehmen.

3 Kuvertüre im Wasserbad schmelzen lassen. Je zwei Ecken der Plätzchen hineintauchen und auf Butterbrotpapier trocknen lassen.

schnell / gelingen leicht

Cashewstangen

Für 75 Stück | ⏱ 50 Min. Zubereitungszeit |
12 Min. Backen
Pro Stück ca. 50 kcal

250 g Mehl
75 g Zucker
1 Prise Salz
100 g gehackte, ungesalzene Cashewkerne
2 Msp. gemahlener Koriander
1 Msp. Zimtpulver
150 g weiche Butter
1 Ei
100 g Vollmilchkuvertüre
Backpapier fürs Blech

1 Aus Mehl, Zucker, Salz, Cashewkernen, Koriander, Zimt, Butter und dem Ei einen glatten Teig kneten. In Folie gewickelt kühl ruhen lassen.

2 Den Backofen auf 200° (Umluft 180°) vorheizen. Teig zu 1 cm dicken Rollen formen. 6 cm lange Stücke abschneiden und auf ein mit Backpapier belegtes Blech legen. Im Ofen (Mitte) 10–12 Min. backen, abkühlen lassen.

3 Kuvertüre schmelzen lassen. Die Stängelchen der Länge nach zur Hälfte eintauchen und auf Butterbrotpapier trocknen lassen.

Klassiker aus Italien

Amarettini

Für 25 Stück
⏲ 40 Min. Zubereitungszeit
12 Std. Ruhen
5 Min. Backen
Pro Stück ca. 70 kcal

200 g blanchierte, gemahlene Mandeln
60 g Zucker
2 Eiweiße
1 EL Bittermandelaroma
60 g Puderzucker
Spritztülle
Backpapier fürs Blech

1 Die Mandeln mit dem Zucker mischen. 1 Eiweiß mit dem Bittermandelaroma verquirlen und zu den Mandeln geben. Alles mit den Händen zu einer marzipanähnlichen Masse kneten.

2 Das übrige Eiweiß und den Puderzucker mit den Quirlen des Handrührgeräts cremig schlagen und unter die Mandelmasse arbeiten. Die Masse in eine Spritztülle geben und walnussgroße Häufchen auf ein mit Backpapier belegtes Blech spritzen. Mit einem Küchenhandtuch abgedeckt 12 Std. trocknen lassen.

3 Den Backofen auf 225° (Umluft nicht geeignet) vorheizen. Die Amarettini im vorgeheizten Ofen (Mitte) 5 Min. leicht braun backen.

DEKO-TIPP
Im heißen Wasserbad 200 g dunkle Kuvertüre schmelzen lassen und die Unterseite der Amarettini darin eintauchen.

Kuchen

Von rund bis eckig und von geknetet bis gerührt kommen Obst-, Käse- und Rührkuchen immer gut an. Linzertorte, Orangenkuchen und Chocolate Fudge Pie laden ein zu einer Kuchenreise um die ganze Welt.

preiswert

Eierlikörkuchen

Für 1 Gugelhupfform von 1 ½ l Inhalt | ⏱ 15 Min. Zubereitungszeit |
1 Std. Backen
Bei 12 Stück pro Stück ca. 305 kcal

4 Eier | 200 g Puderzucker | 1 Päckchen Vanillezucker | 200 ml Sonnenblumenöl |
200 ml Eierlikör | 200 g Mehl | 1 Päckchen Backpulver | Fett für die Form

1 Den Backofen auf 180° vorheizen. Die Form gründlich fetten.

2 Die Eier mit dem Puderzucker und dem Vanillezucker schaumig schlagen. Das Öl und den Eierlikör dazurühren.

3 Das Mehl mit Backpulver mischen und unter die Eierlikörmasse rühren. Den Teig in die Form füllen. Im Ofen (Mitte, Umluft 160°) 1 Std. backen.

SERVIER-TIPP
Den abgekühlten Kuchen mit Puderzucker bestäubt servieren.

gut vorzubereiten

Quarkgugelhupf

Für 1 Gugelhupfform von 2 l Inhalt | ⊙ 30 Min. Zubereitungszeit | 50 Min. Backen
Bei 16 Stück pro Stück ca. 250 kcal

100 g weiche Butter | 200 g Zucker | 2 Eier | je ¼ TL gemahlener Kardamom
und Zimtpulver | 250 g Magerquark | je 60 g gewürfeltes Zitronat und Orangeat |
100 g Rumrosinen (Fertigprodukt) | 375 g Mehl | 1 TL Backpulver | Fett und
Semmelbrösel für die Form | Puderzucker zum Bestäuben

1 Backofen auf 175° vorheizen. Die Gugelhupfform einfetten und mit Semmelbröseln ausstreuen.

2 Butter mit Zucker und Eiern schaumig rühren. Gewürze, Quark, Zitronat,
Orangeat und Rosinen unterrühren. Mehl mit Backpulver mischen und mit der
Quarkmasse verrühren.

3 Den Teig in die Form füllen. Im Backofen (Mitte, Umluft 160°) 50 Min. backen.
Den Kuchen in der Form leicht abkühlen lassen und auf ein Kuchengitter stürzen.
Den abgekühlten Kuchen mit Puderzucker bestäuben.

Klassiker / einfach

Marmorkuchen

Für 1 Kastenform von 30 cm Länge | ⓘ 30 Min. Zubereitungszeit | 55 Min. Backen
Bei 16 Stück pro Stück ca. 280 kcal

250 g weiche Butter | 200 g Zucker | 1 Päckchen Vanillezucker | 4 Eier |
375 g Mehl | 1 TL Backpulver | 100 g Nougat (Fertigprodukt) | 4 EL Milch |

1 EL Kakaopulver | Fett für die Form

1 Den Backofen auf 175° vorheizen. Die Form einfetten. Butter mit Zucker und Vanillezucker schaumig schlagen. Eier nach und nach unterrühren. Mehl mit Backpulver mischen und unterheben.

2 Nougat grob würfeln, mit der Milch unter Rühren bei schwacher Hitze schmelzen lassen. Kakaopulver unterrühren. Ein Drittel des Teiges abnehmen und mit der Nougatcreme verrühren.

3 Den restlichen Teig in die Form füllen. Den dunklen Teig daraufgeben und mit einer Gabel spiralförmig durchziehen.

4 Im Backofen (Mitte, Umluft 160°) 55 Min. backen. Leicht abkühlen lassen und aus der Form lösen.

DEKO-TIPP
200 g dunkle Kuvertüre im heißen Wasserbad schmelzen und den abgekühlten Kuchen damit bestreichen.

saftig / gelingt leicht

Amaretti-Cake

Für 1 Kastenform von 30 cm Länge | ⊚ 25 Min. Zubereitungszeit |
50 Min. Backen
Bei 16 Stück pro Stück ca. 250 kcal

100 g Zartbitterschokolade | 100 g Amaretti (italienisches Mandelgebäck) |
200 g Mehl | ½ TL Zimtpulver | 2 TL Kakaopulver | 200 g Butter | 150 g Zucker |
3 Eier | ⅛ l doppelt starker Kaffee | Fett für die Form

1 Backofen auf 180° vorheizen. Die Form ausfetten. Die Schokolade grob hacken.
Die Amaretti in einen Gefrierbeutel geben und mit dem Nudelholz zerbröseln.
Beides gut mit Mehl, Zimt und Kakaopulver mischen.

2 Butter und Zucker mit dem Handrührgerät schaumig rühren. Die Eier einzeln
nach und nach zugeben und unterrühren.

3 Die Mehlmischung und den Kaffee nach und nach abwechselnd löffelweise unter den Teig rühren. Den Teig in die Form füllen und glatt streichen. Im vorgeheizten Backofen (Mitte, Umluft 160°) in ca. 50 Min. braun backen.

braucht etwas Zeit

Baumkuchen

Für 1 Kastenform von 30 cm Länge
⊕ 30 Min. Zubereitungszeit
40 Min. Backen
Bei 16 Stück pro Stück ca. 345 kcal

150 g Marzipanrohmasse
200 g weiche Butter
100 g Puderzucker
1 Päckchen Vanillezucker
6 Eier
120 g Zucker
90 g Mehl
100 g Aprikosenkonfitüre
2 EL Orangenlikör
200 g Zartbitterkuvertüre
1 EL Kokosfett
Fett und Backpapier für die Form

1 Den Backofen auf 250° (Oberhitze, Umluft 220°) vorheizen. Den Boden der Form mit Backpapier auslegen. Den Rand fetten.

2 Das Marzipan klein schneiden. Mit Butter, Puderzucker und Vanillezucker cremig rühren. Die Eier trennen. Eigelbe nach und nach unter die Buttermasse rühren. Die Eiweiße steif schlagen, den Zucker dazurieseln lassen. Den Eischnee und das Mehl vorsichtig unter die Masse heben.

3 2 gehäufte EL Teig auf den Formboden geben und gleichmäßig verstreichen. Im Backofen (oben) 4 Min. backen. Die Form herausnehmen, 2 EL Teig auf den gebackenen Teig streichen und backen. So weiterverfahren, bis der Teig verbraucht ist. Das ergibt etwa 10–12 Schichten.

4 Den abgekühlten Kuchen auf ein Kuchengitter stürzen. Konfitüre erwärmen, durch ein Sieb streichen und mit dem Orangenlikör verrühren. Den Kuchen damit rundum bestreichen.

5 Die Kuvertüre grob hacken und mit dem Kokosfett im heißen Wasserbad schmelzen. Den Kuchen damit überziehen.

DEKO-TIPP
Aus Zuckerguss Streifen über die erkaltete Kuvertüre ziehen. Dafür 100 g Puderzucker mit 1 TL lauwarmer Milch und 4 TL Zitronensaft glatt rühren.

für Gäste / fruchtig

Rhabarber-Mohn-Kuchen

Für 1 Springform von 24 cm ⌀ | ⏱ 30 Min. Zubereitungszeit | 50 Min. Backen
Bei 12 Stück pro Stück ca. 330 kcal

400 g Rhabarber (4–5 Stangen) | 4 Eier | 250 g Zucker | 200 ml Öl | 200 ml
Orangensaft | 300 g Mehl | 1 Päckchen Backpulver | 50 g gemahlene Mohn-
samen | 50 g Mandelblättchen | 1 Msp. gemahlener Koriander | Fett für die
Form | Puderzucker zum Bestäuben

1 Den Backofen auf 200° vorheizen. Die Form fetten. Den Rhabarber putzen,
schälen und in kleine Stücke schneiden.

2 Eier mit Zucker dickcremig schlagen. Öl und Saft zugeben. Mehl mit Backpulver
rasch unterrühren. Die Hälfte des Teiges in die vorbereitete Form geben und im
Ofen (unten, Umluft 180°) 15 Min. vorbacken.

3 Den restlichen Teig mit Mohn, Mandelblättchen, Koriander und Rhabarber-
stücken gut vermischen und auf dem vorgebackenen Boden verteilen. Den Kuchen
in 30–35 Min. fertig backen. Mit Puderzucker bestäubt servieren.

UND DAZU? – MANDELSAHNE
Dazu 200 g Sahne mit 1 Päckchen Vanillezucker steif schlagen und 2–3 EL
Mandelblättchen unterheben.

gut vorzubereiten

Sauerkirschkuchen

Für 1 Springform von 24 cm ⌀ | ⏱ 30 Min. Zubereitungszeit | 50 Min. Backen
Bei 10 Stück pro Stück ca. 435 kcal

2 Gläser Sauerkirschen (à 370 g Abtropfgewicht) | 100 g Zartbitterschokolade |
4 Eier | 200 g weiche Butter | 180 g Zucker | 1 TL Kakaopulver | 100 g gemahlene Mandeln | 100 g Mehl | 1 TL Backpulver | Fett für die Form

1 Die Kirschen abtropfen lassen. Schokolade fein reiben. Den Backofen auf 180° vorheizen. Die Form fetten.

2 Die Eier trennen und die Eiweiße steif schlagen. Butter mit Zucker und Kakao mit den Quirlen des Handrührgeräts cremig rühren. Eigelbe und geriebene Schokolade unterrühren. Dann die Mandeln mit Mehl und Backpulver mischen. Eischnee und Mehl locker unter den Teig mischen. Den Teig in die Form füllen und die Sauerkirschen darauf verteilen.

3 Den Kuchen im Ofen (Mitte, Umluft 160°) 50 Min. backen.

DEKO-TIPP
Den abgekühlten Kuchen mit Zuckerguss glasieren: Dafür 200 g Puderzucker mit 3 EL lauwarmer Milch, 1 TL Kirschwasser und 1 EL Zitronensaft glatt rühren. Die Glasur mit einem Esslöffel auf dem Kuchen verteilen und mit einer Palette glatt streichen.

aus dem Orient / ohne Mehl

Orangenkuchen (im Bild)

Für 1 Springform von 20 cm ⌀
🕐 25 Min. Zubereitungszeit | 2 Std. Garen | 1 Std. Backen
Bei 8 Stück pro Stück ca. 520 kcal

Für den Teig: 3 mittelgroße Bio-Orangen | 6 Eier | 250 g Zucker | 300 g gemahlene Mandeln | Fett und 1 EL Mandeln für die Form
Für die Garnierung: 150 g Puderzucker | 2 EL lauwarme Milch | 1 TL Orangenlikör (nach Belieben) | kandierte Orangenscheiben

1 Die Orangen gründlich waschen und abtrocknen. Ungeschält in einen Topf geben, mit Wasser bedecken und bei schwacher Hitze in 2 Std. weich kochen. Die Orangen herausnehmen, abkühlen lassen, aufschneiden und die Kerne entfernen. Die Früchte fein pürieren.

2 Den Backofen auf 175° vorheizen. Die Form fetten und mit Mandeln ausstreuen. Eier mit Zucker schaumig rühren, Orangenpüree und Mandeln gründlich untermischen.

3 Den Teig in die Form füllen. Im Ofen (unten, Umluft 160°) 1 Std. backen. In der Form auskühlen lassen, dann vorsichtig herauslösen.

4 Zum Garnieren Puderzucker mit Milch und Orangenlikör glatt rühren. Den Kuchen damit überziehen und mit den kandierten Orangenscheiben verzieren.

saftig/zum Mitnehmen

Möhrenkuchen

Für 1 Kastenform von 30 cm Länge | ⏱ 25 Min. Zubereitungszeit | 50 Min. Backen
Bei 15 Stück pro Stück ca. 340 kcal

Für den Teig: 125 g Möhren | 4 Eier | 250 g Zucker | 200 ml Öl | 200 ml Möhrensaft | 200 g gemahlene Haselnüsse | 300 g Mehl | 1 Päckchen Backpulver | Fett für die Form
Für den Guss und die Garnitur: 100 g Puderzucker | Saft von ½ Zitrone |

6 Marzipanmöhren

1   Den Ofen auf 200° vorheizen. Möhren putzen, schälen und fein raspeln.

2   Eier und Zucker mit den Quirlen des Handrührgeräts dickcremig schlagen. Öl und Saft zugeben. Geraspelte Möhren und Nüsse sowie das Mehl mit dem Backpulver rasch unterrühren.

3   Den Teig in die gefettete Form füllen, im Ofen (unten, Umluft 180°) 50 Min. backen und abkühlen lassen.

4   Den Puderzucker sieben, den Zitronensaft tropfenweise unterrühren, bis ein glatter, dicklicher Guss entstanden ist. Den Kuchen damit bestreichen, die Marzipanmöhren darauf verteilen und den Guss trocknen lassen.

Klassiker aus Österreich

Sachertorte

Für 1 Springform von 24 cm ⌀
🕙 40 Min. Zubereitungszeit
1 Std. 10 Min. Backen
Bei 16 Stück pro Stück ca. 515 kcal

Für den Teig:
200 g Zartbitterschokolade
200 g weiche Butter
150 g Puderzucker
8 Eier
100 g Zucker
150 g Mehl
50 g fein gemahlene Mandeln
Butter und gemahlene Mandeln für die Form

Für Füllung und Guss:
150 g Aprikosenkonfitüre
200 g Zartbitterschokolade
200 g Zucker

Für die Garnitur:
100 g Zartbitterschokolade
150 g Sahne

1 Die Form fetten und mit Mandeln ausstreuen, kühl stellen. Für den Teig die Schokolade in Stücke brechen und im heißen Wasserbad schmelzen. Butter mit Puderzucker schaumig rühren. Die Eier trennen. Eigelbe und geschmolzene Schokolade unter die Butter rühren.

2 Den Backofen auf 175° vorheizen. Eiweiße steif schlagen, Zucker einrieseln lassen und weiterschlagen, bis die Masse schön glänzt. Eischnee unter die Eier-Schokoladen-Masse ziehen. Mehl mit Mandeln mischen und unterheben. Den Teig in die Form füllen. Im Ofen (Mitte, Umluft 160°) 1 Std. 10 Min. backen. Den Kuchen herausnehmen, abkühlen lassen und aus der Form lösen.

3 Die Konfitüre erwärmen und durch ein Sieb streichen. Die Schokolade in Stücke brechen. Zucker, ⅛ l Wasser und Schokolade bei mittlerer Hitze unter ständigem Rühren 5 Min. köcheln, dann unter Rühren abkühlen lassen.

4 Den Kuchen quer durchschneiden. Mit der Hälfte der Konfitüre bestreichen. Zusammensetzen und die Oberfläche mit der restlichen Konfitüre bestreichen. Die Torte gleichmäßig mit dem Schokoladenguss überziehen.

5 Für die Garnitur Schokolade im Wasserbad schmelzen und etwas abkühlen lassen. Sahne steif schlagen, die flüssige Schokolade unterrühren und die Sahne in einen Spritzbeutel mit Lochtülle füllen. Auf der Oberfläche mit dem Tortenteiler oder einem scharfen Messer 12 Stücke markieren. 12 »S« auf Backpapier spritzen. Leicht antrocknen lassen, vorsichtig ablösen und auf den eingeteilten Kuchenstücken verteilen.

gut vorzubereiten

Linzertorte

Für 1 Springform von 26 cm Ø
40 Min. Zubereitungszeit | 20 Min. Ruhen | 40 Min. Backen
Bei 12 Stück pro Stück ca. 540 kcal

250 g Mehl | 250 g gemahlene Mandeln | 250 g kalte Butter | 250 g Zucker |
1 TL Kakaopulver | 4 Eigelbe | ½ TL Zimtpulver | 1 Prise gemahlene Nelken |
1 EL Kirschwasser (nach Belieben) | 300 g Johannisbeergelee | Mehl für die
Arbeitsfläche | Fett für die Form | 1 Eigelb und 1 TL Milch zum Bestreichen

1 Mehl und Mandeln auf der Arbeitsfläche mischen, in die Mitte eine Mulde drücken. Die Butter in Flöckchen, Zucker, Kakaopulver, Eigelbe, Gewürze und Kirschwasser dazugeben und rasch zu einem glatten Teig verkneten. Zugedeckt 20 Min. in den Kühlschrank stellen.

2 Die Form fetten. Backofen auf 175° vorheizen. Zwei Drittel des Teiges auf der bemehlten Arbeitsfläche etwa 1 cm dick ausrollen. Auf den Boden der Form legen. Den restlichen Teig etwa ½ cm dick ausrollen. Für den Rand einen 2 cm breiten und gut 80 cm langen Streifen ausschneiden. Den restlichen Teig mit dem Messer oder Teigrädchen in 1 cm breite Streifen schneiden.

3 Das Johannisbeergelee auf dem Boden verteilen. Teigstreifen als Gitter darüberlegen. Randstreifen außen herumlegen, leicht andrücken. Das Eigelb mit der Milch verquirlen und den Teig damit bestreichen. Den Kuchen im Ofen (Mitte, Umluft 160°) 40 Min. backen.

FRISCHE-TIPP
Linzertorte schmeckt am besten, wenn sie einige Tage durchgezogen hat. In Alu- oder Klarsichtfolie verpackt, schmeckt der Kuchen auch noch nach 2 Wochen superlecker.

frisch am besten

Mirabellentarte

Für 1 Torteform von 28 cm ⌀
🕐 30 Min. Zubereitungszeit
30 Min. Kühlen
45 Min. Backen
Bei 12 Stück pro Stück ca. 195 kcal

200 g Mehl
125 g Zucker
4 Eier
100 g Joghurtbutter
600 g Mirabellen (ersatzweise gelbe
halbierte Pflaumen)
300 g fettarmer Joghurt
1 Päckchen Vanillezucker
1 TL Schale von einer Bio-Zitrone
2 TL Lavendelblüten
Mehl für die Arbeitsfläche

1 Mehl auf die Arbeitsfläche sieben. In die Mitte eine Vertiefung drücken, 50 g Zucker daraufstreuen, 1 Ei hineingeben. Butter in Flöckchen auf dem Rand verteilen. Vom Rand aus verkneten. Teig in Folie gewickelt 30 Min. kalt stellen.

2 Mirabellen waschen, abtropfen lassen, entsteinen. Ofen auf 180° (Umluft 160°) vorheizen. Restliche Eier mit übrigem Zucker, Joghurt, Vanillezucker und Zitronenschale glatt verrühren.

3 Die Form mit Backpapier auslegen. Teig auf der bemehlten Arbeitsfläche ausrollen, in die Form legen, dabei einen kleinen Rand formen. Den Teigboden mehrmals mit einer Gabel einstechen. Im Ofen (unten) 15 Min. vorbacken.

4 Mirabellen auf dem Boden verteilen, den Guss darübergießen, Lavendelblüten darüberstreuen. Die Tarte in 30 Min. fertig backen.

gelingt leicht

Gedeckter Apfelkuchen (im Bild)

Für 1 Springform von 24 cm ⌀ | ⓦ 50 Min. Zubereitungszeit | 40 Min. Backen
Bei 8 Stück pro Stück ca. 515 kcal

300 g weiche Butter | 150 g Zucker | 1 Ei | 300 g Mehl | 1 kg säuerliche Äpfel |
1 Bio-Zitrone | 2 EL gemahlene Mandeln | 2 EL Milch | Fett für die Form | Mehl
für die Arbeitsfläche

1 Die Form fetten. 200 g Butter, 100 g Zucker mit dem Ei schaumig schlagen. Mehl unterkneten. Ein Drittel des Teigs in Größe der Form rund ausrollen. Auf eine bemehlte Platte legen. Mit dem restlichen Teig die Form auskleiden. Beides kühl stellen.

2 Äpfel schälen, achteln und putzen. Zitrone heiß abspülen und abtrocknen. Die Schale abreiben, 2 EL Saft auspressen und beides mit übrigem Zucker, restlicher Butter und ⅛ l Wasser aufkochen lassen. Äpfel darin 5 Min. dünsten.

3 Den Backofen auf 200° vorheizen. Mandeln auf den Teigboden streuen. Äpfel darauf verteilen. Teigdeckel daraufgeben und leicht andrücken. Im Ofen (unten, Umluft 180°) 40 Min. backen. Zwischendurch mit Milch bestreichen.

raffiniert / erfrischend

Key Lime Pie

Für 1 Pieform von 28 cm ⌀ | ⏲ 45 Min. Zubereitungszeit | 45 Min. Backen
Bei 12 Stück pro Stück ca. 430 kcal

250 g Vollkornkekse (z. B. Haferkekse) | 100 g Butter | 5 Eier | 600 g gezuckerte Kondensmilch (z. B. Milchmädchen) | abgeriebene Schale von 1 Bio-Zitrone | 175 ml Limettensaft | Salz | 250 g Zucker | Fett für die Form

1 Backofen auf 200° (Umluft 180°) vorheizen. Form fetten. Kekse in einen großen Gefrierbeutel geben und mit einem Nudelholz zerbröseln. Butter schmelzen und mit den Bröseln verkneten. Masse in die Form geben, flach drücken, dabei einen 3 cm hohen Rand formen. Im Ofen (Mitte) 8 Min. backen.

2 Eier trennen. Eigelbe, Kondensmilch, Zitronenschale und Limettensaft verquirlen. Masse auf den vorgebackenen Boden geben. Im Backofen (Mitte, Umluft 180°) 15 Min. backen.

3 Eiweiße und ½ TL Salz steif schlagen. Zucker unter Rühren langsam einrieseln lassen und weiterrühren, bis der Eischnee glänzt und sich der Zucker gelöst hat. Eischnee locker auf der vorgebackenen Creme verteilen, dabei einen 2 cm breiten Rand frei lassen. Bei gleicher Temperatur 20 Min. weiterbacken. Aus dem Ofen nehmen und auskühlen lassen.

für Schokoholics

Chocolate Fudge Pie

Für 1 Pieform von 28 cm ⌀
1 Std. Zubereitungszeit | 1 Std. Kühlen | 45 Min. Backen
Bei 12 Stück pro Stück ca. 430 kcal

200 g Mehl | 240 g brauner Zucker | Salz | 225 g Butter | 150 g Zartbitter-
schokolade (60 % Kakao) | 4 Eier | 1 Päckchen Vanillezucker | 7 EL Milch |
1 EL brauner Rum | 200 g Sahne | Fett für die Form

1 Mehl, 20 g Zucker, ¼ TL Salz, 125 g Butter und 2 EL kaltes Wasser verkneten.
Zugedeckt 1 Std. kalt stellen.

2 Den Ofen auf 200° (Umluft 180°) vorheizen. Form fetten. Zwei Drittel des Teigs
ausrollen, als Boden in die Form legen, mehrmals einstechen und im Backofen
(Mitte) 10 Min. backen. Abkühlen lassen und den Ofen auf 180° herunterschalten.

3 Die Schokolade hacken. Mit restlicher Butter unter Rühren schmelzen und abkühlen lassen. Die Eier schaumig rühren. 200 g Zucker, Vanillezucker, Milch und
Rum nach und nach unterrühren. Flüssige Schoko-Butter unterrühren.

4 Den restlichen Teig als Rand innen an die Pieform drücken. Masse in die Form
geben. Im Backofen (Mitte, Umluft 160°) 35 Min. backen. Auskühlen lassen. Sahne
und übrigen Zucker steif schlagen. Auf dem ausgekühlten Kuchen verteilen.

gelingt leicht

Kokos-Cheesecake

Für 1 Springform von 26 cm ⌀
🍮 30 Min. Zubereitungszeit | 20 Min. Kühlen |
50 Min. Backen
Bei 12 Stück pro Stück ca. 420 kcal

200 g Kokoszwieback
100 g Butter
130 g brauner Zucker
1 Dose Ananas (580 g Abtropfgewicht)
4 Eier
800 g Doppelrahmfrischkäse
200 g ungesüßte Kokoscreme (aus der Dose)
abgeriebene Schale und Saft von 1 Bio-Zitrone
1 Stück frische Kokosnuss
Fett für die Form

1 Form fetten. Den Zwieback zerbröseln. Die Butter schmelzen und beides mit 30 g Zucker mischen. Die Krümel als Boden in die Form drücken und 20 Min. kalt stellen. Ananas in einem Sieb abtropfen lassen.

2 Den Backofen auf 180° (Umluft 160°) vorheizen. Die Ananas klein schneiden. Die Eier mit 100 g Zucker, Frischkäse, Kokoscreme, Zitronenschale und -saft glatt rühren.

3 Die Käsemasse mit den Ananasstücken auf dem Zwiebackboden verteilen. Im Ofen (Mitte) 50 Min. backen, auskühlen lassen. Kokosnuss in Späne hobeln und auf den fertigen Kuchen streuen.

TAUSCH-TIPP
Wenn Sie keine frische Kokosnuss bekommen, können Sie auch Kokoschips als Topping auf den Kuchen streuen.

raffiniert

Schoko-Quark-Kuchen

Für 1 Springform von 26 cm ⌀
🍮 25 Min. Zubereitungszeit | 50 Min. Backen
Bei 12 Stück pro Stück ca. 360 kcal

200 g Amarettini (italienisches Mandelgebäck)
80 g weiche Butter
1 TL Espressopulver
100 g Zartbitterschokolade
3 EL Sahne | 100 g Butter
150 g Zucker | 3 Eier
1 Päckchen Vanillepuddingpulver
250 g Frischkäse
250 g Magerquark
Fett für die Form
Puderzucker zum Bestäuben

1 Die Form fetten. Den Backofen auf 175° vorheizen. Die Amarettini in einem Gefrierbeutel mit dem Nudelholz fein zerbröseln. Brösel mit Butter und Espressopulver mischen und auf den Boden der Form geben, leicht andrücken.

2 Die Schokolade in Stücke brechen. In einem Topf bei schwacher Hitze mit der Sahne schmelzen. Butter mit Zucker, Schokolade und Eiern verrühren. Puddingpulver, Frischkäse und Quark unterrühren.

3 Die Quarkmischung auf den Teig geben. Im Ofen (unten, Umluft 160°) 50 Min. backen. Den abgekühlten Kuchen mit Puderzucker bestäuben.

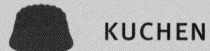

einfach/schnell

Käsekuchen ohne Boden

Für 1 Springform von 24 cm ∅
🌀 15 Min. Zubereitungszeit
45 Min. Backen
Bei 8 Stück pro Stück ca. 425 kcal

150 g weiche Butter
200 g Zucker
1 kg Magerquark
1 EL Mehl
1 EL Zitronensaft
1 Päckchen Vanillepuddingpulver
4 Eier
Fett für die Form
Puderzucker zum Bestäuben

1 Den Backofen auf 200° vorheizen. Die Form einfetten. Butter mit Zucker, Quark, Mehl, Zitronensaft und Puddingpulver verrühren. Die Eier nach und nach unterrühren.

2 Die Quarkmasse in die Form füllen. Im Backofen (Mitte, Umluft 180°) 45 Min. backen. Den Kuchen leicht abkühlen lassen, aus der Form lösen und mit Puderzucker bestäuben.

VARIANTEN
Nach Geschmack zusätzlich 3 EL Rosinen unter die fertige Quarkmasse mischen.
Boden und Streusel gefällig? Wie wäre es dann mit einem Klassiker? Für einen russischen Zupfkuchen zusätzlich zur Quarkmasse folgenden Teig zubereiten: 200 g weiche Butter mit 200 g Zucker und 1 Ei schaumig schlagen. 375 g Mehl und 2 EL Kakaopulver dazugeben und zu einem glatten Teig verkneten. Den Backofen auf 200° vorheizen. Zwei Drittel des Teigs auf bemehlter Arbeitsfläche ausrollen und die Form damit auskleiden. Die Quarkmasse einfüllen, den restlichen Teig in Stücke zupfen und auf der Quarkmasse verteilen. Im Backofen (Mitte, Umluft 180°) 45 Min. backen.

braucht etwas Zeit / gut vorzubereiten

Bienenstich

Für 1 Backblech | ⏲ 1 Std. Zubereitungszeit | 55 Min. Ruhen | 30 Min. Backen
Bei 16 Stück pro Stück ca. 500 kcal

Für den Hefeteig: 500 g Mehl | 1 Prise Salz | 1 Würfel Hefe (42 g) | ¼ l lauwarme
Milch | 80 g Zucker | 150 g flüssige Butter | 1 Ei | Backpapier fürs Blech | Mehl
für die Arbeitsfläche
Für den Belag: 100 g Butter | 100 g Zucker | 1 Päckchen Vanillezucker | 2 EL
flüssiger Honig | 100 g Sahne | 200 g gehobelte Mandeln
Für die Füllung: 2 Päckchen Vanillepuddingpulver | ¾ l Milch | 80 g Zucker |
100 g weiche Butter | 2 EL Puderzucker

1 Für den Teig Mehl und Salz in eine Schüssel geben, in die Mitte eine Mulde drücken. Hefe zerbröckeln und in ⅛ l lauwarmer Milch glatt rühren. Die Hefemilch in
die Mehlmulde gießen, mit 1 Prise Zucker bestreuen und zugedeckt an einem warmen Ort 15 Min. gehen lassen. Butter mit der restlichen Milch, dem restlichen Zucker und dem Ei zum Vorteig geben. Den Teig schlagen, bis er sich vom Schüsselrand löst. Zugedeckt 30 Min. ruhen lasen.

2 Für den Belag Butter, Zucker, Vanillezucker, Honig und Sahne unter Rühren erhitzen. Mandeln hinzufügen, kurz aufkochen und leicht abkühlen lassen. Ab und
zu umrühren.

3 Backblech mit Backpapier auslegen. Backofen auf 200° vorheizen. Teig auf bemehlter Arbeitsfläche ausrollen, auf das Blech geben und 10 Min. ruhen lassen.
Mandelmasse auf den Teig streichen. Im Ofen (Mitte, Umluft 180°) 30 Min. backen.

4 Puddingpulver mit ⅛ l Milch anrühren. Restliche Milch mit Zucker aufkochen
lassen, Puddingmilch hineinrühren, aufkochen, dann abkühlen lassen, ab und zu
rühren. Butter mit Puderzucker cremig rühren, Pudding unterrühren. Kühl stellen.

5 Den Kuchen in 4 Stücke schneiden, diese waagerecht durchschneiden. Creme
aufstreichen. Teigdeckel in je 4 Stücke schneiden, nebeneinander auf den Pudding
legen. Bienenstich-Stücke ganz durchschneiden.

für Gäste

Johannisbeerkuchen

Für 1 Backblech
🕐 1 Std. 30 Min. Zubereitungszeit
15 Min. Backen
Bei 20 Stück pro Stück ca. 130 kcal

4 Eier
140 g Zucker
1 Päckchen Vanillezucker
Salz
140 g Mehl
2 TL Backpulver
2 EL Kakaopulver
2 Päckchen Mousse à la Vanille
(Fertigprodukt)
½ l Milch
250 g Rote Johannisbeeren
2 cl Johannisbeerlikör (nach Belieben)
100 g Schokoladenstreusel
Backpapier und Butter fürs Blech

1 Den Backofen auf 200° vorheizen. Das Blech mit Backpapier belegen und leicht mit Butter einfetten. Eier trennen, Eiweiße in eine getrennte Schüssel geben. Eigelbe mit 100 g Zucker, Vanillezucker und 1 Prise Salz dickschaumig rühren.

2 Eiweiße mit restlichem Zucker steif schlagen. Die Hälfte des Eischnees unter die Eigelbmasse rühren, dann Mehl, Backpulver und Kakao dazugeben. Restlichen Eischnee unterheben. Die Teigmasse gleichmäßig auf dem Blech verstreichen. Im Ofen (Mitte, Umluft 180°) 15 Min. hellgelb backen. Danach leicht abkühlen lassen, auf ein Brett stürzen und das Papier vorsichtig abziehen.

3 Die Mousse mit Milch nach Packungsanweisung zubereiten. In einer Schüssel abgedeckt im Kühlschrank fest werden lassen. Die Johannisbeeren abspülen und putzen und dann unter die Mousse heben.

4 Die Teigplatte halbieren. Eine Hälfte mit Likör beträufeln und mit der Hälfte der Creme bestreichen. Die andere Teighälfte darauflegen, mit der restlichen Creme bestreichen und mit den Schokoladenstreuseln bestreuen.

VARIANTE – JOHANNISBEER-SAHNE-ROLLE
Den Teig wie im Rezept beschrieben zubereiten und backen. Inzwischen ein Küchentuch ausbreiten und mit wenig Zucker bestreuen. Die Teigplatte nach dem Backen sofort auf das Tuch stürzen, das Backpapier abziehen und den Biskuit mit Hilfe des Küchentuchs aufrollen. Mousse zubereiten, fest werden lassen und die Beeren unterheben. Den Biskuit auseinanderrollen, die Creme darauf verstreichen. Biskuit mit Hilfe des Tuchs wieder zusammenrollen. Die Rolle mit Puderzucker bestäuben.

Klassiker

Donauwellen

Für 1 Backblech | ⏱ 2 Std. Zubereitungszeit | 40 Min. Backen
Bei 20 Stück pro Stück ca. 445 kcal

Für den Teig: 250 g weiche Butter | 200 g Zucker | 1 Päckchen Vanillezucker |
5 Eier | Salz | 375 g Mehl | 1 Päckchen Backpulver | 2 Gläser Schattenmorellen
(à 370 g Abtropfgewicht) | 2 EL Kakaopulver | 1 EL Milch

Für die Buttercreme: 1 Päckchen Vanillepuddingpulver | ½ l Milch | 75 g Zucker |
200 g weiche Butter

Für den Guss: 200 g Zartbitterschokolade | 50 g Kokosfett (2 Würfel) | Back-
papier fürs Blech

1 Die Butter mit dem Zucker und Vanillezucker cremig rühren. Nacheinander die
Eier und 2 Prisen Salz unterrühren. Das Mehl und Backpulver dazusieben. Den
Backofen auf 180° vorheizen. Die Kirschen in einem Sieb abtropfen lassen.

2 Das Blech mit Backpapier belegen und knapp zwei Drittel des Teiges auf das
Blech streichen. Kakao und Milch unter den restlichen Teig rühren. Den dunklen
Teig gleichmäßig auf den hellen Teig streichen. Die abgetropften Kirschen darauf
verteilen, leicht in den Teig drücken. Den Kuchen im Ofen (Mitte, Umluft 160°)
35–40 Min. backen. Auskühlen lassen.

3 Für die Buttercreme Puddingpulver mit Milch und Zucker nach Packungsanweisung kochen. Kalt stellen, ab und zu durchrühren. Die Butter geschmeidig rühren und nach und nach den Pudding unterrühren. Die Creme auf den abgekühlten
Kuchen streichen.

4 Die Schokolade zerbröckeln und mit dem Kokosfett im heißen Wasserbad geschmeidig rühren. Unter Rühren etwas abkühlen lassen und auf die fest gewordene
Buttercreme gießen. Mit einem Tortenkamm (oder einer Gabel) wellenförmige Linien durchziehen.

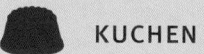

gut vorzubereiten

Pflaumenkuchen mit Streuseln

Für 1 Backblech
🕐 1 Std. 30 Min. Zubereitungszeit
50 Min. Ruhen
40 Min. Backen
Bei 20 Stück pro Stück ca. 310 kcal

Für den Teig:
400 g Mehl
1 Päckchen Trockenhefe
150 ml lauwarme Milch
100 g Zucker
1 Ei
60 g Butter
2 kg Pflaumen oder Zwetschgen

Für die Streusel:
200 g Mehl
50 g gemahlene Mandeln
200 g Zucker
1 TL Zimtpulver
150 g weiche Butter
Backpapier fürs Blech

1 Mehl und Hefe in einer Schüssel vermischen. Milch, Zucker, das Ei und die Butter in kleinen Stückchen dazugeben und alles rasch zu einem glatten Teig verarbeiten. Zugedeckt an einem warmen Ort 40 Min. gehen lassen.

2 Die Pflaumen waschen und entsteinen. Die Hälften nochmals längs ein-, aber nicht ganz durchschneiden. Das Backblech mit Backpapier belegen.

3 Den Teig nochmals durchkneten und ausrollen. Auf das Blech legen und die Teigränder etwas hochdrücken. Die Pflaumen dachziegelartig darauf verteilen. Den Teig 10 Min. ruhen lassen. Den Ofen auf 200° vorheizen.

4 Inzwischen für die Streusel Mehl, Mandeln, Zucker, Zimt und Butter vermischen und mit den Fingerspitzen zu Streuseln krümeln. Dann über den Pflaumen verteilen.

5 Den Kuchen im Ofen (Mitte, Umluft 180°) 40 Min. backen. Dazu passt geschlagene, leicht gesüßte Sahne.

TIPPS
Pflaume oder Zwetschge? Erstere sind rundlicher und haben eine deutliche Fruchtnaht. Sie lassen sich nicht so gut wie Zwetschgen entsteinen. Zwetschgen haben weniger Wasser und mehr Zucker als Pflaumen, deshalb sind sie ideal für Kuchen.
Gegen die unvermeidbaren hässlich braun verfärbten Finger nach dem Pflaumenentsteinen hilft sehr gut frischer Zitronensaft.

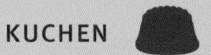

Klassiker/saftig

Apfel-Zupfkuchen

Für 1 Obstkuchenblech
30 Min. Zubereitungszeit | 40 Min. Backen
Bei 15 Stück pro Stück ca. 385 kcal

Für den Teig:
4 Eier
250 g Zucker
200 ml Öl
200 ml heller Traubensaft
300 g Mehl
½ TL Zimtpulver
1 Päckchen Backpulver

Für den Belag:
150 g Butter
75 g Zucker
200 g Mehl
1 ½ EL Kakaopulver
5 säuerliche Äpfel
Fett fürs Blech

1 Den Ofen auf 200° vorheizen. Die Butter für den Belag zerlassen und mit Zucker, Mehl sowie dem Kakao zu einem krümeligen Teig verarbeiten.

2 Eier mit Zucker dickcremig schlagen. Öl und Traubensaft zugeben. Mehl mit Zimt und Backpulver rasch unterrühren.

3 Den Teig auf das gefettete Blech streichen und im heißen Ofen (unten, Umluft 180°) 12 Min. vorbacken. Inzwischen die Äpfel für den Belag schälen, grob raspeln und auf den vorgebackenen Boden geben. Vom Streuselteig Stücke abzupfen und auf den Äpfeln verteilen. Den Kuchen in 30 Min. fertig backen.

fruchtig/gelingt leicht

Aprikosen-Kleckselkuchen

Für 1 Obstkuchenblech
30 Min. Zubereitungszeit | 30 Min. Backen
Bei 15 Stück pro Stück ca. 285 kcal

1 Dose Aprikosen (480 g Abtropfgewicht)
4 Eier
250 g Zucker
200 ml Öl
300 g Mehl
1 Päckchen Backpulver
4 EL gemahlener Mohn
50 g gemahlene Haselnüsse
Fett fürs Blech

1 Den Ofen auf 200° vorheizen. Aprikosen abtropfen lassen, den Saft dabei auffangen und 200 ml abmessen.

2 Eier mit Zucker dickcremig schlagen. Öl und Aprikosensaft zugeben. Mehl mit Backpulver rasch unterrühren. Die Hälfte des Teiges auf das gefettete Blech geben. Den restlichen Teig halbieren. Eine Hälfte mit dem Mohn mischen und mit einem Löffel Kleckse auf den hellen Teig geben.

3 Unter den übrigen Teig die Nüsse mischen und diesen Teig als Kleckse in die Zwischenräume setzen. Den Kuchenboden im heißen Ofen (unten, Umluft 180°) 5–10 Min. vorbacken.

4 Die Aprikosen auf dem vorgebackenen Boden verteilen und den Kuchen in 15–20 Min. fertig backen.

TAUSCH-TIPP
Anstelle von Mohn kann man auch gut Kakaopulver verwenden.

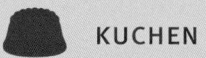

Klassiker

Stachelbeer-Baiser-Kuchen

Für 1 Backblech
🍩 35 Min. Zubereitungszeit | 55 Min. Backen
Bei 20 Stück pro Stück ca. 210 kcal

300 g Mehl
3 TL Backpulver
750 g Magerquark
300 g Zucker
1 Prise Salz
75 ml fettarme Milch
5 EL Sonnenblumenöl
750 g Stachelbeeren
5 Eier
1 Päckchen Vanillezucker
1 ½ Päckchen Vanillepuddingpulver
Fett fürs Backblech
Mehl für die Arbeitsfläche

1 Blech einfetten. Mehl und Backpulver mit 150 g Quark, 80 g Zucker, Salz, Milch und Öl verkneten. Den Teig ausrollen und auf das Blech geben.

2 Den Ofen auf 180° vorheizen. Stachelbeeren putzen, waschen. 3 Eier trennen. Restlichen Quark, 100 g Zucker, Vanillezucker, 2 Eier, 3 Eigelbe und Puddingpulver verrühren. Stachelbeeren unterziehen. Auf den Teig streichen. Im Ofen (unten, Umluft 160°) 45 Min. backen.

3 Eiweiße mit restlichem Zucker sehr steif schlagen. In einen Spritzbeutel füllen. Tupfen auf den Kuchen spritzen. In 5–10 Min. fertig backen.

gelingt leicht

Rhabarber-kuchen

Für 1 Obstkuchenblech
🍩 40 Min. Zubereitungszeit | 35 Min. Backen
Bei 15 Stück pro Stück ca. 325 kcal

Für den Teig:
4 Eier | 250 g Zucker
200 ml Öl
200 ml Orangenlimonade
300 g Mehl | 3 EL Kakaopulver
1 Päckchen Backpulver

Für den Belag:
800 g Rhabarber
450 g saure Sahne
4 Eier | 75 g Zucker
Backpapier fürs Blech

1 Ofen auf 200° vorheizen. Den Rhabarber für den Belag putzen, schälen und in kleine Stücke schneiden.

2 Die Eier mit dem Zucker dickcremig schlagen. Öl und Orangenlimonade zugeben. Das Mehl mit Kakao und Backpulver mischen und rasch unterrühren.

3 Den Teig auf ein mit Backpapier ausgelegtes Obstkuchenblech streichen und im Ofen (unten, Umluft 180°) 15 Min. vorbacken.

4 Inzwischen für den Belag die saure Sahne mit den Eiern und dem Zucker gut verrühren. Die Rhabarberstücke unterheben. Den Rhabarberguss auf dem vorgebackenen Boden verteilen. Den Kuchen weitere 15–20 Min. backen.

gelingt leicht

Mohnkuchen

Für 1 Backblech | ⊕ 50 Min. Zubereitungszeit | 30 Min. Backen
Bei 20 Stück pro Stück ca. 350 kcal

Für den Teig: 2 Eier | 6 EL Öl | 150 g Magerquark | 6 EL Zucker | 1 Prise Salz | abgeriebene Schale von 1 Bio-Zitrone | 350 g Mehl | 3 TL Backpulver | Fett fürs Blech
Für den Belag: 3 EL Rosinen | 3 EL Rum (ersatzweise Apfelsaft) | 100 g gemahlene Mandeln | 200 g weiche Butter | 200 g Zuckerrübensirup | 2 Päckchen Vanillezucker | 2 Prisen Zimtpulver | ¼ l Milch | 250 g gemahlener Mohn | 5 Eier | Puderzucker zum Bestäuben

1 Für den Belag die Rosinen im Rum einweichen und beiseitestellen. Für den Teig die Eier mit Öl und Quark verrühren. Zucker, 1 Prise Salz und Zitronenschale dazugeben. Das Mehl mit dem Backpulver dazusieben und alles gründlich verkneten.

2 Das Backblech fetten. Für den Belag die gemahlenen Mandeln in einem Topf trocken rösten. Die Butter, den Sirup, Vanillezucker und Zimt dazugeben und unter Rühren die Butter schmelzen lassen. Die Milch angießen und aufkochen lassen. Den Mohn dazugeben und alles gründlich verrühren. Die Mohnmasse in eine Schüssel umfüllen und 30 Min. abkühlen lassen, dabei immer wieder umrühren.

3 Inzwischen den Teig auf Blechgröße ausrollen und auf das Blech legen. Mit einer Gabel mehrmals den Boden einstechen. Den Backofen auf 175° vorheizen.

4 Die Eier trennen. Eigelbe gründlich mit der Mohnmasse verrühren. Rum-Rosinen dazugeben. Eiweiße zu Schnee steif schlagen und unterheben. Den Mohnbelag auf dem Teig verstreichen. Den Kuchen im Backofen (Mitte, Umluft 160°) 30 Min. backen, bis die Masse fest ist (Stäbchenprobe). Nach dem Abkühlen leicht mit Puderzucker bestäuben.

TIPP

Gemahlener Mohn ist nicht überall erhältlich. Falls Sie keine Mohnmühle haben, können Sie auch problemlos den Blitzhacker zum Zerkleinern verwenden. Oder Sie entscheiden sich gleich für eine backfertige Mohnmischung aus dem Backregal im Supermarkt, die Sie nach Packungsanweisung weiterverarbeiten.

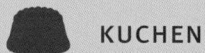

für Gäste

Feiner Quarkkuchen

Für 1 tiefes Backblech
1 Std. Zubereitungszeit
2 Std. Kühlen
45 Min. Backen
Bei 20 Stück pro Stück ca. 485 kcal

2 kg Magerquark
250 g Rosinen
1 Tasse Rum (ersatzweise Apfelsaft)
450 g Mehl
350 g kalte Butter
50 g Marzipanrohmasse
100 g Zucker
2 Päckchen Vanillezucker
Salz
6 Eier
Saft und abgeriebene Schale
von 2 Bio-Zitronen
250 g Aprikosenkonfitüre
50 g Zwieback
200 g Puderzucker
Butter fürs Blech

1 Den Quark in einem Sieb sehr gut abtropfen lassen. Die Rosinen in eine kleine Schüssel geben und den Rum darübergießen.

2 Das Mehl auf eine Arbeitsfläche sieben, anhäufeln und in die Mitte eine Mulde drücken. 250 g Butter und Marzipan in kleinen Stücken auf dem Rand verteilen. Zucker, Vanillezucker, 1 Prise Salz, 1 Ei und ½ TL Zitronenschale in die Mulde geben. Alles mit einem großen Messer grob durchhacken, dann rasch mit den Händen zu einem glatten Teig verkneten. Zur Kugel formen, in Klarsichtfolie wickeln und 1–2 Std. kühl stellen.

3 Den Mürbeteig auf Blechgröße ausrollen, auf das gefettete Blech legen und dabei den Rand hochdrücken. Mit einer Gabel mehrmals einstechen. Mit der Konfitüre bestreichen. Die Rosinen in einem Sieb abtropfen lassen (Rum aufheben), auf der Konfitüre verteilen. Die Zwiebäcke darüberreiben.

4 Restliche Eier trennen. Den Quark mit Eigelben, Zitronensaft und restlicher Schale, Rum, 100 g Butter, 1 Prise Salz und 100 g Puderzucker verrühren. Den Backofen auf 200° vorheizen.

5 Eiweiße mit 100 g Puderzucker (2 EL davon zum Bestreuen aufheben) steif schlagen, unter die Quarkmasse heben. Diese auf dem Kuchen verstreichen und den Kuchen im Ofen (Mitte, Umluft 180°) 45 Min. backen. Nach dem Abkühlen mit Puderzucker bestäuben und in Stücke schneiden.

weihnachtlich

Glühweinkuchen

Für 1 Obstkuchenblech | ⏲ 20 Min. Zubereitungszeit | 25 Min. Backen
Bei 15 Stück pro Stück ca. 380 kcal

4 Eier | 250 g Zucker | 200 ml Öl | 200 ml Glühwein | 1 ¼ TL Zimtpulver |
100 g Schokoladenraspel | 300 g Mehl | 1 EL Kakaopulver | 1 Päckchen
Backpulver | 200 g Puderzucker | 3 EL Rum | Backpapier fürs Blech

1 Den Backofen auf 200° vorheizen. Die Eier mit dem Zucker dickcremig schlagen. Öl, Glühwein, 1 TL Zimt, Schokoraspel und Mehl mit dem Kakao- und Backpulver einrühren.

2 Teig auf ein mit Backpapier belegtes Blech streichen, im Ofen (unten, Umluft 180°) 20–25 Min. backen. Puderzucker mit dem restlichen Zimt und dem Rum glatt rühren und als Guss auf dem Kuchen verteilen.

gut vorzubereiten

Schokoladen-schnitten

Für 1 Backblech | ⏱ 20 Min. Zubereitungszeit | 15 Min. Backen
Bei 20 Stück pro Stück ca. 225 kcal

Für den Teig: 200 g weiche Butter | 200 g Zucker | 1 Päckchen Vanillezucker | 3 Eier | 3 EL Kakaopulver | 200 ml Milch | 250 g Mehl | 1 TL Backpulver | Backpapier fürs Blech

Für den Guss: 4 EL frisch gekochter Espresso | 2 EL Kakaopulver | 125 g Puderzucker | 2 EL flüssige Butter | 35 g Kokosraspel

1 Den Backofen auf 200° vorheizen. Das Backblech mit Backpapier belegen. Butter mit Zucker, Vanillezucker und Eiern schaumig rühren. Kakaopulver und Milch unterrühren.

2 Mehl und Backpulver mischen und unterheben. Den Teig auf das Blech streichen. Im Backofen (Mitte, Umluft 180°) 15 Min. backen.

3 Espresso mit Kakaopulver und Puderzucker verrühren. Flüssige Butter dazugeben und alles glatt rühren. Den lauwarmen Kuchen mit dem Guss überziehen, leicht antrocknen lassen, dann mit Kokosraspeln bestreuen.

gelingt leicht

Butterkuchen

Für 1 Backblech | ⏱ 25 Min. Zubereitungszeit | 45 Min. Ruhen | 20 Min. Backen
Bei 16 Stück pro Stück ca. 335 kcal

Für den Teig: 375 g Mehl | 1 Päckchen Trockenhefe | 200 g Zucker | 1 Päckchen
Vanillezucker | 1 Ei | 200 ml lauwarme Milch | 50 g flüssige Butter

Für den Belag: 100 g Butter | 200 g Zucker | 150 g Mandelblättchen | 100 g
Sahne | Fett fürs Blech | Mehl für die Arbeitsfläche

1 Das Backblech einfetten. Mehl in eine Schüssel sieben und mit der Trockenhefe
vermischen. Zucker, Vanillezucker, Ei, Milch und flüssige Butter hinzufügen und
schnell zu einem glatten Teig verkneten. Den Teig zugedeckt an einem warmen Ort
30 Min. gehen lassen.

2 Den Teig durchkneten, auf einer bemehlten Arbeitsfläche auf Blechgröße ausrollen und auf das Blech legen. Den Backofen auf 200° vorheizen.

3 Mit einem Löffel kleine Mulden in den Teig drücken. Butter in Flöckchen in die
Mulden geben. Zucker und Mandelblättchen darüberstreuen.

4 Den Teig zugedeckt 15 Min. gehen lassen. Im Backofen (Mitte, Umluft 180°)
15–20 Min. backen. Kurz vor Ende der Backzeit die flüssige Sahne mit einem Löffel
auf dem Kuchen verteilen.

einfach / schnell

Buttermilchkuchen

Für 1 Backblech
🕐 15 Min. Zubereitungszeit
25 Min. Backen
Bei 16 Stück pro Stück ca. 405 kcal

450 g Mehl
1 Päckchen Backpulver
3 Eier
375 g Zucker
1 Päckchen Vanillezucker
400 g Buttermilch
100 g Kokosflocken
30 g Butter
150 g Sahne
Fett fürs Blech

1 Das Backblech fetten. Den Backofen auf 200° vorheizen. Mehl mit Backpulver mischen. Eier, 300 g Zucker und Vanillezucker schaumig schlagen. Buttermilch und Mehl unterrühren. Den Teig auf das Blech streichen.

2 Die Kokosflocken mit 75 g Zucker mischen und über den Teig streuen. Im Ofen (Mitte, Umluft 180°) 15 Min. backen.

3 Die Butter mit der Sahne erhitzen, bis die Butter geschmolzen ist. Mit einem Löffel auf der Oberfläche des Kuchens verteilen. Den Kuchen in 10 Min. fertig backen.

VORRATS-TIPP
Die Buttermilchkuchen kann man wunderbar einfrieren. Dazu den ausgekühlten Kuchen in 16 Stücke schneiden. Die Schnitten in eine Gefrierdose schichten und zwischen jede Lage ein Stück Alufolie legen.

einfach / gut vorzubereiten

Hefezopf

Für 16 Stück
⊚ 40 Min. Zubereitungszeit
65 Min. Ruhen
35 Min. Backen
Pro Stück ca. 235 kcal

600 g Mehl
1 Würfel Hefe (42 g)
¼ l lauwarme Milch
100 g Zucker
100 g Butter
2 Eier
1 Eigelb
2 EL Milch zum Bestreichen
Fett fürs Blech
Mehl für die Arbeitsfläche

1 Das Mehl in eine Schüssel sieben, in die Mitte eine Mulde drücken. Die Hefe hineinbröckeln, mit etwas lauwarmer Milch, 1 TL Zucker und etwas Mehl verrühren. Den Vorteig an einem warmen Ort zugedeckt 15 Min. gehen lassen.

2 Die Butter zerlassen und mit der restlichen Milch, Zucker und Eiern zum Teig geben. Alles unterarbeiten und den Teig kräftig kneten, bis er Blasen wirft und sich vom Schüsselrand löst. Zugedeckt 30–40 Min. an einem warmen Ort zur doppelten Größe aufgehen lassen.

3 Das Backblech fetten. Den Backofen auf 180° vorheizen. Den Teig auf einer bemehlten Arbeitsfläche kräftig durchkneten, in drei gleich große Stücke teilen und zu Rollen von etwa 60 cm Länge formen. Die Rollen an einem Ende etwas zusammendrücken und zu einem Zopf flechten. Unten ebenfalls zusammendrücken. Den Zopf auf das Blech legen, zudecken und nochmals 10 Min. gehen lassen. Das Eigelb und die Milch verquirlen und auf den Zopf pinseln. Den Zopf im Ofen (Mitte, Umluft 160°) 35 Min. backen.

VARIANTE – ROSENKUCHEN

200 g gemahlene Mandeln, 60 g Puderzucker, 1 Päckchen Vanillezucker und 2 EL Mandellikör verrühren. 1 Eiweiß halbsteif schlagen und mit der Nussmischung verrühren. Den Hefeteig dünn zu einem Rechteck ausrollen. Die Füllung darauf verteilen und den Teig von der Längsseite her aufrollen und in 14 etwas dickere Scheiben schneiden. Die Scheiben kreisförmig in eine gefettete Springform (26 cm ∅) setzen und im Ofen bei 200° (Umluft 180°) 1 Std. backen.

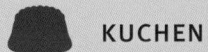

KUCHEN

raffiniert / für Gäste

Apfelstrudel

Für 12 Stück
40 Min. Zubereitungszeit
20 Min. Ruhen
40 Min. Backen
Pro Stück ca. 340 kcal

250 g Mehl
¼ TL Salz
4 EL Öl
100 g Rosinen
1,5 kg säuerliche Äpfel
80 g Zucker
½ TL Zimtpulver
100 g gehackte Mandeln
100 g Butter
2 EL Milch
Fett fürs Blech
2 EL Semmelbrösel zum Bestreuen
Puderzucker zum Bestäuben

1 Das Mehl in eine Schüssel sieben. In die Mitte eine Vertiefung drücken. Salz und 3 EL Öl hinzufügen. ⅛ l lauwarmes Wasser langsam dazugießen. Die Zutaten mit den Händen zu einem glatten, elastischen Teig verkneten. Mit 1 EL Öl bestreichen, in Frischhaltefolie gewickelt 20 Min. ruhen lassen.

2 Inzwischen Rosinen in etwas Wasser einweichen. Äpfel schälen, vierteln und ohne die Kerngehäuse in dünne Scheiben schneiden. Mit Zucker, Zimt, Mandeln und abgetropften Rosinen mischen.

3 Den Backofen auf 200° vorheizen. Das Backblech fetten und die Butter zerlassen. Den Teig auf einem bemehlten Küchentuch ausrollen, dann über dem Handrücken hauchdünn ausziehen. Mit Butter bestreichen und mit Semmelbröseln bestreuen. Die Apfelmischung darauf verteilen und den Strudel mithilfe des Tuches aufrollen.

4 Den Strudel mit der Nahtstelle nach unten auf das Blech gleiten lassen. Die beiden Enden nach unten einschlagen. Den Strudel mit Milch bestreichen und im Ofen (Mitte, Umluft 180°) 40 Min. backen. Den fertigen Apfelstrudel noch lauwarm mit Puderzucker bestäuben.

sommerlich / leicht

Himbeerroulade

Für 12 Stück
⏱ 35 Min. Zubereitungszeit
12 Min. Backen
Pro Stück ca. 230 kcal

5 Eier
100 g Zucker
100 g Mehl
500 g Himbeeren
1 EL Puderzucker
400 g Sahne
1 Päckchen Sahnesteif
1 Päckchen Vanillezucker
Backpapier fürs Blech
1 EL Zucker zum Arbeiten
Minzeblättchen zum Garnieren

1 Backofen auf 200° (Umluft 180°) vorheizen. Das Blech mit Backpapier auslegen. Eier trennen. Eiweiße steif schlagen. Eigelbe mit Zucker dickcremig schlagen. Eischnee und Mehl locker unterheben. Teig auf das Blech streichen, im Ofen (Mitte) 12 Min. backen.

2 Ein Küchentuch mit Zucker bestreuen. Biskuit daraufstürzen und das Papier vorsichtig abziehen. Teig sofort mithilfe des Tuches einrollen.

3 Die Himbeeren verlesen und die Hälfte mit Puderzucker pürieren. Sahne mit Sahnesteif und Vanillezucker steif schlagen. Himbeerpüree mit der Hälfte der Sahne mischen.

4 Die Roulade entrollen und mit Himbeersahne bestreichen, dabei die Ränder etwas frei lassen. Himbeeren bis auf 12 darauf verteilen, locker einrollen und mit der Nahtstelle nach unten auf eine Platte legen. Mit restlicher Sahne überziehen. Mit Himbeeren und Minze garnieren.

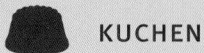

schnell/für Gäste

Mangorolle

Für 12 Stück
⏲ 35 Min. Zubereitungszeit
12 Min. Backen
Pro Stück ca. 240 kcal

5 Eier
100 g Zucker
100 g Mehl
1 EL Kakaopulver
1 Dose Mango (425 g)
2 EL Puderzucker
100 g Mascarpone
250 g Sahne
1 Päckchen Sahnesteif
Backpapier fürs Blech
1 EL Zucker zum Arbeiten

1 Den Backofen auf 200° (Umluft 180°) vorheizen. Backblech mit Backpapier auslegen.

2 Die Eier trennen. Die Eiweiße steif schlagen. Eigelbe mit Zucker dickcremig schlagen. Eischnee dazugeben. Mehl mit Kakaopulver darübersieben, alles locker mischen. Den Teig auf das Blech streichen, im Ofen (Mitte) 12 Min. backen.

3 Ein Küchentuch mit Zucker bestreuen. Biskuit daraufstürzen, Papier abziehen und den Biskuit mit Hilfe des Küchentuchs locker einrollen.

4 Mango würfeln und mit Puderzucker pürieren. Mit Mascarpone cremig rühren. Sahne mit Sahnesteif schlagen und locker unterheben. Die Roulade entrollen. Die Creme darauf verteilen, Ränder etwas frei lassen. Einrollen und mit der Nahtstelle nach unten auf eine Platte geben. Kühl stellen.

TAUSCH-TIPP
Statt Mango passen auch Pfirsiche oder Aprikosen aus der Dose wunderbar in die Creme.

DEKO-TIPP
100 g Sahne mit 1 EL Vanillezucker steif schlagen und damit die Roulade überziehen. Als Topping Schokoladenraspel oder Kakao darüberstreuen.

Torten

Wunderschön verziert sind sie die Highlights auf jeder Kaffeetafel: Von Mango-Charlotte bis Kaffeecremetorte werden in diesem Kapitel sahnige, fruchtige und cremige Naschkatzenträume wahr.

saftig/ohne Backen

Melonen-Quark-Kuchen

Für 1 Springform von 24 cm ⌀ | ⏱ 1 Std. Zubereitungszeit |
4 Std. 30 Min. Kühlen | Bei 12 Stück pro Stück ca. 265 kcal

1 Zuckermelone | 2 Päckchen Götterspeise mit Zitronengeschmack | 300 g
Erdbeeren | 75 g Zucker | 1 Bio-Zitrone | 750 g Sahnequark | 175 g Vollkorn-
Mürbekekse | 50 g weiche Butter | 1 Päckchen klarer Tortenguss

1 Die Melone halbieren und entkernen. Das Fruchtfleisch einer Hälfte pürieren
und mit Wasser auf 550 ml auffüllen. 300 ml davon mit dem Götterspeisenpulver
verrühren, den Rest für den Guss beiseitestellen.

2 Die Erdbeeren waschen und einige für die Dekoration beiseitelegen. Die restlichen Beeren putzen, große Exemplare halbieren oder vierteln. Aus der übrigen
Melonenhälfte mit einem Kugelausstecher Kügelchen ausstechen.

3 Die Götterspeise-Mischung erwärmen, bis sich das Pulver aufgelöst hat (nicht
kochen!). 60 g Zucker darin auflösen, die Mischung etwas abkühlen lassen. Zitrone
waschen, abtrocknen, von einer Hälfte die Schale abreiben und ganz auspressen.

4 Quark, Zitronensaft und -schale sowie die Götterspeise-Mischung verrühren.
Die Früchte unterheben und die Creme für etwa 30 Min. kalt stellen, bis sie zu gelieren beginnt.

5 Die Kekse fein zerkrümeln und mit der Butter und 1 EL kaltem Wasser verkneten. Den Teig auf dem Springformboden verteilen, andrücken und kühl stellen.

6 Den Springformrand um den Boden legen, die gelierende Frucht-Quark-Göt-
terspeise darauf glatt streichen. Den Kuchen für mindestens 4 Std. kühl stellen.

7 Nach Ende der Kühlzeit aus der restlichen Melonen-Mischung, dem übrigen
Zucker und dem Tortengusspulver nach Packungsanweisung einen Guss zubereiten. Die zurückbehaltenen Erdbeeren in Scheiben schneiden und dekorativ auf
dem Kuchen verteilen, den Guss darübergeben und fest werden lassen.

fettarm / fruchtig

Aprikosen-Timbale

Für 6 Timbaleformen à 100 ml | ⏱ 45 Min. Zubereitungszeit | 3 Std. Kühlen
Pro Stück ca. 225 kcal

1 Dose Aprikosen (250 g Abtropfgewicht) | 1 Bio-Zitrone | 450 ml Aprikosen-
nektar | 1 gehäufter TL Agar-Agar | 2 EL Zucker | 1 Päckchen Vanillezucker |
2 EL Marillenlikör | 6 Hafer-Mürbekekse mit Vollmilchschokolade | 100 g Sahne

1 Aprikosen abtropfen lassen und bis auf 2 Hälften würfeln. Die Zitrone waschen,
abtrocknen und von einer Hälfte die Schale mit einem Zestenreißer abziehen. Übrige Schale abreiben. ½ Zitrone auspressen.

2 5 EL Nektar und Agar-Agar verrühren. Übrigen Saft zugeben, 2 Min. kochen.
Zucker, Vanillezucker, Likör, Zitronensaft und abgeriebene Schale unterrühren.
Aprikosenwürfel unterheben.

3 Pudding in die kalt ausgespülten Förmchen füllen und etwas abkühlen lassen.
Die Kekse mit der Schokoladenseite darauflegen. Förmchen ca. 3 Std. kühl stellen.

4 Die Förmchen bis zum Rand in heißes Wasser tauchen und stürzen. Die Sahne
steif schlagen und die Timbale mit Sahnetuffs, den übrigen Aprikosen und Zitronenschale verzieren.

fruchtig / fürs Büffet

Trauben-Schnitten

(im Bild)

Für 1 Kastenform von 20 cm Länge | ⊕ 45 Min. Zubereitungszeit | 3 Std. Kühlen
Bei 8 Stück pro Stück ca. 340 kcal

40 g Cornflakes | 30 g Rosinen | 100 g weiße Kuvertüre | 10 g Kokosfett |
je 120 g helle und dunkle Weintrauben | 1 Päckchen klarer Tortenguss |
2 gestrichene EL Zucker | 200 ml heller Traubensaft | 200 g Sahne | 2 Päck-
chen Sahnesteif | 1 Packung Weißweincreme (Fertigprodukt) | 120 g Ricotta
(italienischer Frischkäse) | Backpapier für die Form

1   Flakes zerbröseln. Rosinen hacken. Kuvertüre und Kokosfett schmelzen. Flakes
und Rosinen unterrühren. Die Masse in Formgröße auf ein Stück Backpapier streichen und kühlen.

2   Trauben waschen, halbieren und entkernen. Form mit Frischhaltefolie auslegen.
Tortenguss mit Zucker und Saft nach Packungsanweisung zubereiten und in die
Form füllen. Die Hälfte der Trauben einstreuen. Kühl stellen.

3   Sahne mit Sahnesteif steif schlagen. Für die Weincreme das Cremepulver mit
Wein nach Packungsanweisung, aber ohne Wasser, zubereiten. Ricotta unterrüh-
ren. Die Sahne ebenfalls unterheben. Übrige Trauben untermischen. Creme in die
Form streichen. Boden auflegen, Papier abziehen. Etwa 3 Std. kühl stellen.

4   Die Traubenschnitten auf eine Kuchenplatte stürzen und in 8 Stücke schneiden.

sommerlich

Himbeerkuchen

(Titelbild und im Bild rechts)

Für 12 Stück | ⏲ 20 Min. Zubereitungszeit | 1 Std. Ruhen
Pro Stück ca. 240 kcal

1 Schoko-Biskuitboden (Fertigprodukt, Wiener Boden) | 2 EL Aprikosen- oder Himbeerkonfitüre | 500 g Himbeeren | 400 g Frischkäse mit Joghurt (ersatzweise Doppelrahmfrischkäse) | 50 g Zucker | 1 EL Himbeersirup | 1 Päckchen Himbeerpuddingpulver (ohne Kochen) | 200 g Sahne | 1 Päckchen roter Tortenguss | ¼ l roter Fruchtsaft (z. B. Kirschsaft) | 2 EL Kokosflocken

1 Den Biskuitboden auf eine Tortenplatte legen und mit Konfitüre bestreichen. Die Himbeeren verlesen.

2 Frischkäse mit Zucker, Himbeersirup und Puddingpulver verrühren. Sahne steif schlagen und unter die Käsecreme heben.

3 Die Creme auf dem Tortenboden verteilen und mit den Himbeeren belegen.

4 Tortenguss nach Packungsanweisung mit dem Fruchtsaft zubereiten und gleichmäßig über den Himbeeren verteilen. Den Rand mit Kokosflocken bestreuen. Die Torte vor dem Servieren mindestens 1 Std. kühl stellen.

TAUSCH-TIPP
Anstatt des Himbeerpuddingpulvers können Sie Vanillepuddingpulver nehmen. 250 g Mascarpone, 150 g Schmand, 80 g Puderzucker und 100 g Kokosflocken verrühren und als Creme auf den Tortenboden geben.

TUNING-TIPP
Rühren Sie zusätzlich noch 2 cl Himbeergeist unter die Creme.

gut vorzubereiten

Weißer Hund

Für 1 Kastenform von 20 cm Länge
⊚ 40 Min. Zubereitungszeit
6 Std. Kühlen
Bei 16 Stück pro Stück ca. 300 kcal

120 g Kokosfett
200 g weiße Schokolade
2 frische Eier
300 g Puderzucker
300 g eckige dunkle Kekse (z. B. Kemm'sche Kuchen)
2 EL Zitronensaft
Pergamentpapier für die Form
Silberperlen zum Verzieren

1 Das Kokosfett schmelzen. Schokolade hacken und getrennt schmelzen. Eier und 130 g Puderzucker schaumig schlagen. Erst die Schokolade, dann das Kokosfett nach und nach einrühren.

2 Die Kastenform mit Pergamentpapier auskleiden. Den Boden mit einer Schicht Keksen auslegen. Mit etwas Creme bedecken. Kekse und Creme abwechselnd daraufschichten. Den Kuchen mindestens 6 Std. kühl stellen.

3 Kuchen stürzen und das Papier abziehen. Übrigen Puderzucker und Zitronensaft zu einem Guss verrühren. Den Kuchen damit einstreichen. Mit den Perlen verzieren. Guss fest werden lassen.

TAUSCH-TIPP
Statt der Kemm'schen Kuchen eignen sich durchaus auch andere dunkle eckige Plätzchen, wie z.B. Braune Kuchen.

Caffè latte-Torte

Für 1 Springform von 26 cm ∅
30 Min. Zubereitungszeit | 3 Std. Kühlen
Bei 12 Stück pro Stück ca. 310 kcal

300 g Cantuccini (italienisches Mandelgebäck)
125 g Butter
10 Blatt weiße Gelatine
3/8 l Milch
4 TL Espressopulver (Instant)
60 g Zucker
1 Päckchen Vanillezucker
400 g Sahne
Backpapier für die Form

1 Cantuccini, bis auf einige, im Mixer zerbröseln. Butter schmelzen, mit den Bröseln verkneten. Masse in die am Boden mit Backpapier ausgelegte Springform drücken. Kühl stellen.

2 Inzwischen Gelatine einweichen. 100 ml Milch, 3 TL Espressopulver, Zucker und Vanillezucker erwärmen. Gelatine ausdrücken und in der warmen Milch auflösen. Übrige Milch zugießen. Kühl stellen.

3 Sahne steif schlagen und unter die gelierende Milch heben. Creme auf den Boden streichen. Torte zugedeckt ca. 3 Std. kühl stellen.

4 Die Torte mit den übrigen Cantuccini und dem restlichem Espressopulver verzieren.

Marshmallow-Torte

Für 1 Springform von 24 cm ∅
30 Min. Zubereitungszeit | 2 Std. Kühlen
Bei 12 Stück pro Stück ca. 280 kcal

200 g Zartbitterschokolade
130 g Marshmallows
50 g Pekannusskerne
3 Bananen (ca. 600 g)
2 EL Zitronensaft
150 g Crème double
200 g Sahne
30 g brauner Zucker
2 gehäufte TL San-apart
Backpapier für die Form

1 Schokolade schmelzen. Mit gehackten Marshmallows, bis auf einige, mischen. Die Masse in die am Boden mit Backpapier ausgelegte Springform geben und mit einem Löffel verteilen. Kühl stellen.

2 40 g Nüsse hacken. Bananen schälen, in Scheiben schneiden und mit Zitronensaft beträufeln. Scheiben, bis auf einige, auf den Boden verteilen. Crème double, Sahne, Zucker und San-apart steif schlagen. Gehackte Nüsse, bis auf 1 TL, unterheben. Sahne auf die Bananen geben. Etwa 1 Std. kühl stellen.

3 Die Torte mit den übrigen Marshmallows, Bananenscheiben und Pekannüssen verzieren.

Klassiker aus Italien

Tiramisu

Für 6 Personen | ⊚ 20 Min. Zubereitungszeit | 5 Std. Kühlen
Pro Portion ca. 645 kcal

250 ml kalter Espresso | 6 EL Mandellikör (z. B. Amaretto) | 4 frische Eigelbe |
50 g Zucker | 500 g Mascarpone | 200 g Löffelbiskuits | Kakaopulver zum
Bestäuben

1 Den Espresso mit dem Amaretto mischen. Die Eigelbe und den Zucker mit dem
Handrührgerät oder Schneebesen cremig aufschlagen, bis die Masse hellgelb und
dick ist. Den Mascarpone löffelweise unterrühren.

2 Eine rechteckige Form mit der Hälfte Löffelbiskuits auslegen und mit der Hälfte
der Espresso-Amaretto-Mischung tränken. Die Hälfte der Mascarponecreme daraufgeben und glatt streichen. Restliche Löffelbiskuits darauflegen, mit restlicher
Kaffeemischung tränken und restliche Mascarponecreme darauf glatt streichen.

3 Zugedeckt für 4–5 Std. in den Kühlschrank stellen. Vor dem Servieren dick mit
Kakaopulver bestäuben.

FRISCHE-TIPP
Unbedingt ganz frische Eier verwenden. Wer aufgrund der Salmonellengefahr
ganz auf Eier verzichten will, kann eine Alternativcreme herstellen: Dazu anstelle der Eier 150 g Natur- oder Vanillejoghurt und ⅛ l Eierlikör mit dem Mascarpone glatt rühren.

für Festtage

Mokkasahnetorte (im Bild)

Für 1 Springform von 26 cm ∅
50 Min. Zubereitungszeit
35 Min. Backen
Bei 12 Stück pro Stück ca. 490 kcal

5 Eier
200 g Zucker
6 EL lösliches Kaffeepulver
30 g Mehl
30 g Speisestärke
1 TL Backpulver
200 g gemahlene Mandeln
9 EL Kaffeelikör (ersatzweise starker Kaffee)
800 g Sahne
100 g geraspelte Mokkaschokolade
Backpapier für die Form

1 Backofen auf 175° vorheizen. Die Eier trennen. Eiweiße steif schlagen, dabei 150 g Zucker nach und nach dazurieseln lassen. 2 EL Kaffeepulver in 2 EL heißem Wasser auflösen und mit den Eigelben nach und nach unter den Eischnee rühren. Mehl, Stärke, Backpulver und Mandeln miteinander vermischen und unter die Eiermasse heben.

2 Den Teig in die mit Backpapier ausgelegte Form füllen, glatt streichen und im vorgeheizten Ofen (Mitte, Umluft 150°) 30–35 Min. backen. Herausnehmen, abkühlen lassen und aus der Form lösen.

3 Die abgekühlte Torte zweimal durchschneiden. Alle drei Schichten mit dem Likör tränken. Restliches Kaffeepulver in 1 EL heißem Wasser auflösen. Die Sahne mit dem restlichen Zucker steif schlagen und aufgelöstes Kaffeepulver unterziehen. Die Hälfte der Sahne gleichmäßig auf dem unteren und mittleren Boden verstreichen, die Böden aufeinandersetzen. Restliche Sahne auf der Torte verstreichen und mit Mokkaschokolade bestreuen.

herb-süß

Kaffee-Mango-Torte

Für 1 Springform von 26 cm ⌀ | ⏱ 1 Std. 5 Min. Zubereitungszeit |
45 Min. Backen | Bei 12 Stück pro Stück ca. 705 kcal

4 Eier | 250 g + 2 EL Zucker | 200 ml Öl | 500 ml kalter Kaffee | 200 g gemahlene
Haselnüsse | 300 g Mehl | 1 Päckchen Backpulver | 1 Päckchen klarer Tortenguss |
800 g Sahne | 2 Päckchen Vanillezucker | 2 Dosen Mango (á 230 g Abtropf-
gewicht) | Schokobohnen zum Belegen | Fett für die Form

1 Ofen auf 200° vorheizen. Form fetten. Eier mit 250 g Zucker dickcremig schlagen. Öl und 200 ml Kaffee unter Rühren zugeben. Nüsse, Mehl und Backpulver
mischen, rasch unterrühren. Den Teig in die Form füllen und im Ofen (unten,
Umluft 180°) 40–45 Min. backen.

2 Kuchen einmal quer teilen, Boden mit Tortenring umstellen. Guss mit 250 ml
Kaffee und 2 EL Zucker zubereiten, auf dem Boden verteilen und fest werden lassen. 400 g Sahne mit 1 Päckchen Vanillezucker steif schlagen, auf der Kaffeemasse
verteilen, Deckel auflegen.

3 Mangos abtropfen lassen, in dünne Scheiben schneiden, fächerförmig auf der
Torte verteilen. Restliche Sahne mit Vanillezucker steif schlagen, den restlichen
Kaffee einlaufen lassen, die Hälfte auf die Mangos streichen, Tortenring entfernen
und Tortenrand damit bestreichen. Torte mit Schokobohnen garnieren.

gut vorzubereiten

Rotweintorte

Für 1 Springform von 26 cm ⌀
🕐 1 Std. Zubereitungszeit | 50 Min. Backen | 30 Min. Kühlen
Bei 12 Stück pro Stück ca. 575 kcal

1 Tafel Schokolade (100 g) | 200 g Butter | 200 g Zucker + 2 EL | 4 Eier |
375 g Mehl | 1 TL Backpulver | 1 TL Kakaopulver | 300 ml Rotwein | 2 Orangen |
1 Glühfix-Beutel | 2 EL Stärke | 2 EL Rum | 200 g Sahne | 2 EL Johannisbeer-
gelee | 280 g Puderzucker | 3 TL Himbeersirup | Backpapier für die Form

1 Ofen auf 180° vorheizen. Form mit Backpapier auslegen. Schokolade schmelzen
lassen. Mit Butter, 200 g Zucker und Eiern cremig rühren. Mehl, Backpulver und
Kakao mischen. Mit 100 ml Rotwein nach und nach unter die Eiercreme rühren.

2 In die Form füllen, glatt streichen. Im Ofen (Mitte, Umluft 160°) 50 Min. backen. Abkühlen lassen.

3 Saft der Orangen auspressen. Mit Glühfix-Beutel, restlichem Rotwein und 2 EL
Zucker erhitzen. Stärke in 2–3 EL Wasser lösen, unterrühren. 1 EL Rum unterrühren und 30 Min. abkühlen lassen.

4 Sahne steif schlagen. Rotweinmasse löffelweise unterrühren. Kuchen in 3 dünne
Böden teilen. 2 Böden mit der Rotweincreme bestreichen.

5 Gelee glatt rühren, Torte damit überziehen. 250 g Puderzucker mit 4–5 EL heißem Wasser und 1 EL Rum glatt rühren. Torte damit überziehen.

6 30 g Puderzucker mit Himbeersirup verrühren. In einen Gefrierbeutel füllen, etwas von der Spitze abschneiden. Den Guss spiralenförmig auf die Torte spritzen.
Mit einem Holzstäbchen oder Messerrücken feine Linien nach außen ziehen. Torte
1 Tag durchziehen lassen.

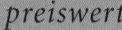

preiswert

Bananen-Sahnetorte

Für 1 Springform von 26 cm ⌀ | ⊕ 40 Min. Zubereitungszeit | 25 Min. Backen
Bei 12 Stück pro Stück ca. 340 kcal

2 Eier | 125 g Zucker | 100 ml Öl | 100 ml Kirschsaft | 150 g Mehl | 7 EL Kakao-
pulver | ½ Päckchen Backpulver | 600 g Sahne | 3 Bananen | 1 Päckchen
Vanillezucker | 2 EL Schokoladenraspel | 3 EL Zitronensaft | Fett für die Form

1 Ofen auf 200° vorheizen. Eier mit Zucker dickcremig schlagen. Öl und Saft zugeben. Mehl mit 2 EL Kakao und Backpulver mischen, rasch unterrühren. Teig in
die gefettete Form füllen, im Ofen (unten, Umluft 180°) 20–25 Min. backen und
abkühlen lassen.

2 Einen Tortenring um den Kuchen stellen. 400 g Sahne steif schlagen, das restliche Kakaopulver unterrühren. 2 Bananen schälen, in Scheiben schneiden und untermischen. Die Bananen-Kakao-Sahne auf dem Boden verteilen.

3 Restliche Sahne mit Vanillezucker steif schlagen und auf der Kakaosahne verteilen. Die Schokoladenraspel darüberstreuen. Die übrige Banane schälen, in Scheiben schneiden, dies mit Zitronensaft beträufeln und auf der Torte verteilen. Die
Torte bis zum Servieren kühl stellen.

mal was anderes

Apfel-Cidre-Torte

Für 1 Springform von 26 cm ∅
1 Std. Zubereitungszeit | 45 Min. Backen
Bei 12 Stück pro Stück ca. 560 kcal

4 Eier | 250 g + 1 EL Zucker
200 ml Öl | 200 ml Apfelsaft
100 g Schokoladenraspel
300 g Mehl | 1 Päckchen Backpulver
1,3 kg Äpfel (z. B. Boskop)
1 l Cidre | Saft von 1 Zitrone
600 g Sahne
2 Msp. Zimtpulver
1 Päckchen klarer Tortenguss
2 Päckchen Vanillezucker
Fett für die Form

1 Den Ofen auf 200° vorheizen. Die Form fetten. Eier mit 250 g Zucker in 2–3 Min. dickcremig schlagen. Öl und Saft unter Rühren zugeben. Schokoladenraspel, Mehl und Backpulver mischen, rasch unterrühren. Den Teig in die Form füllen und im Ofen 40–45 Min. backen. Äpfel vierteln, Kerngehäuse entfernen, schälen, in Spalten schneiden, mit Cidre und Zitronensaft aufkochen und in 3–4 Min. bissfest garen. Abtropfen lassen, den Sud dabei auffangen.

2 Kuchen einmal quer teilen, Boden mit Ring umstellen, 400 g Sahne mit Zimt steif schlagen, aufstreichen, die Hälfte der Äpfel darauf verteilen, Deckel auflegen, mit restlichen Äpfeln fächerförmig belegen. Guss mit 250 ml Apfelsud und restlichem Zucker zubereiten, über die Äpfel geben, erstarren lassen. Ring entfernen. 200 g Sahne mit Vanillezucker steif schlagen, den Tortenrand bestreichen, den Rest mit dem Spritzbeutel als Tuffs aufspritzen.

gut vorzubereiten

Trauben-Sekt-Torte

Für 1 Springform von 26 cm ∅
50 Min. Zubereitungszeit | 25 Min. Backen
Bei 12 Stück pro Stück ca. 450 kcal

2 Eier
125 g + 1 EL Zucker
100 ml Öl
100 ml Orangensaft
150 g Mehl
½ Päckchen Backpulver
900 g blaue und weiße Weintrauben
2 Päckchen klarer Tortenguss
500 ml Rosé-Sekt
600 g Sahne
2 Päckchen Vanillezucker
2 EL Mandelblättchen
Fett für die Form

1 Den Ofen auf 200° vorheizen. Die Form fetten. Die Eier mit 125 g Zucker in 2–3 Min. in einer Rührschüssel dickcremig schlagen. Öl und Saft unter Rühren zugeben. Mehl und Backpulver mischen, rasch unterrühren. Den Teig in die Form füllen und im Ofen 20–25 Min. backen.

2 Weintrauben waschen, entstielen, abtropfen lassen, 100 g für die Dekoration beiseitestellen. Boden mit einem Tortenring umstellen. Guss mit Sekt und restlichem Zucker zubereiten, Trauben unterheben und auf dem Boden verteilen. Fest werden lassen.

3 Sahne mit Vanillezucker steif schlagen und auf die Obstmasse streichen. Für die Garnierung Weintrauben halbieren, auf die Torte legen und mit Mandelblättchen bestreuen.

raffiniert / schnell

Pudding-Krümel-Torte

Für 1 Springform von 26 cm ∅
⊛ 40 Min. Zubereitungszeit
45 Min. Backen
2 Std. Kühlen
Bei 12 Stück pro Stück ca. 470 kcal

4 Eier
250 g + 2 EL Zucker
200 ml Öl
200 ml Orangensaft
100 g gemahlene Haselnüsse
300 g Mehl
3 EL Kakaopulver
1 Päckchen Backpulver
2 Päckchen Vanillepuddingpulver
1 l Milch
Fett für die Form

1 Den Ofen auf 200° vorheizen. Form fetten. Die Eier mit 250 g Zucker in 2–3 Min. in einer Rührschüssel dickcremig schlagen. Öl und Saft unter Rühren zugeben. Haselnüsse, Mehl, Kakao und Backpulver mischen, rasch unterrühren. Den Teig in die Form füllen und im Ofen 40–45 Min. backen.

2 Den Kuchen mit einem Löffel so aushöhlen, dass ein 2 cm dicker Rand und Boden stehen bleiben. Die ausgehöhlte Kuchenmasse grob zerbröseln und 5 EL für die Dekoration abnehmen. Pudding mit Milch und restlichem Zucker nach Packungsanweisung zubereiten, die Kuchenbrösel untermischen und in den Boden füllen. Mit den restlichen Bröseln bestreuen. Die Torte 2 Std. kühl stellen.

FRUCHT-VARIANTE
Wenn Sie es gerne fruchtig mögen, 1 Glas Sauerkirschen oder 2 Dosen Mandarinen abtropfen lassen und unter die Bröselmasse mischen.

TAUSCH-TIPP
Schokofans tauschen das Vanillepuddingpulver durch Schokoladenpuddingpulver aus und heben unter die Pudding-Bröselmasse noch zusätzlich 100 g Schokoladenraspel.

bitter-sweet

Camparitorte

Für 1 Springform von 26 cm ⌀ | ⏱ 40 Min. Zubereitungszeit | 25 Min. Backen
Bei 12 Stück pro Stück ca. 330 kcal

2 Eier | 125 g Zucker + 4 EL | 100 ml Öl | 100 ml Orangensaft | 150 g Mehl |
½ Päckchen Backpulver | 3 Dosen Mandarinen (à 125 g) | 2 Päckchen klarer
Tortenguss | 125 ml Campari | 400 g Sahne | 2 Päckchen Vanillezucker | Fett
für die Form

1 Den Ofen auf 200° vorheizen. Form fetten. Die Eier mit 125 g Zucker in 2–3 Min.
in einer Rührschüssel dickcremig schlagen. Öl und Saft unter Rühren zugeben.
Mehl und Backpulver mischen, rasch unterrühren. Den Teig in die Form füllen und
im Ofen 20–25 Min. backen.

2 Mandarinen abtropfen lassen, Saft auffangen. 20–25 Mandarinenspalten für die
Garnierung beiseitestellen. Runde Schüssel (ca. 24 cm ⌀) mit Frischhaltefolie auslegen. Tortenguss mit 375 ml Saft, Campari und Zucker nach Packungsanweisung zubereiten. Mandarinen sofort unterheben, in die Schüssel füllen und erstarren lassen.

3 Sahne mit Vanillezucker steif schlagen, 5 EL in einen Spritzbeutel mit Sterntülle
füllen, mit dem Rest den Boden bestreichen. Mandarinenkuppel mit Hilfe der Folie
aus der Schüssel heben, vorsichtig wenden und in die Mitte des Bodens setzen. Sahnetuffs auf den Rand spritzen und je eine Mandarinenscheibe daraufsetzen.

viel Mandelaroma

Amaretto-Sahne-Torte

(im Bild unten)

Für 1 Springform von 26 cm ⌀
⊚ 45 Min. Zubereitungszeit | 45 Min. Backen
Bei 12 Stück pro Stück ca. 710 kcal

4 Eier
250 g Zucker
200 ml Öl
200 ml Orangensaft
300 g Mehl
4 EL Kakaopulver
1 Päckchen Backpulver
8 EL Mandellikör (z. B. Amaretto)
800 g Sahne
2 Päckchen Vanillezucker
350 g Amaretti (italienisches Mandelgebäck)
1 EL Kakaopulver zum Bestäuben
Fett für die Form

1 Ofen auf 200° vorheizen. Eier mit Zucker dickcremig schlagen. Öl und Saft zugeben. Mehl mit Kakao und Backpulver mischen, rasch unterrühren. Teig in die gefettete Form füllen, im Ofen (unten, Umluft 180°) 40–45 Min. backen und abkühlen lassen.

2 Kuchen einmal quer teilen, Boden mit Tortenring umstellen und mit 4 EL Amaretto tränken. Sahne mit Vanillezucker steif schlagen und zwei Drittel auf den Boden geben. 12 Amaretti für die Dekoration aufheben, die restlichen in die Sahne drücken, Deckel auflegen, mehrfach mit einem Holzstäbchen einstechen, mit 4 EL Amaretto tränken. Restliche Sahne auf die Torte streichen, die Amaretti den Rand entlang setzen. Die Mitte der Torte mit Kakao bestäuben.

macht was her

Walnuss-Marzipantorte

(im Bild oben)

Für 1 Springform von 26 cm ⌀
⊚ 1 Std. Zubereitungszeit | 45 Min. Backen
Bei 12 Stück pro Stück ca. 840 kcal

4 Eier | 250 g Zucker | 200 ml Öl | 200 ml Orangensaft | 200 g gemahlene Walnüsse | 300 g Mehl | 1 Msp. gemahlene Nelken | 1 Päckchen Backpulver | 50 g Zartbitterkuvertüre | 12 Walnusshälften | 5 EL Schwarzes Johannisbeergelee | 600 g Sahne | 1 Päckchen Vanillezucker | 400 g Marzipanrohmasse | 100 g Puderzucker | 1 EL Kakaopulver | 1 TL Rum | Fett für die Form

1 Ofen auf 200° vorheizen. Eier mit Zucker dickcremig schlagen. Öl und Saft zugeben. Nüsse mit Mehl, Nelken und Backpulver mischen, rasch unterrühren. Teig in die gefettete Form füllen, im Ofen (unten, Umluft 180°) 40–45 Min. backen und abkühlen lassen. Kuvertüre schmelzen, Walnüsse zur Hälfte eintauchen. Auf Alufolie trocknen lassen.

2 Kuchen zweimal quer teilen, Boden mit Johannisbeergelee bestreichen, zweiten Boden auflegen. Sahne mit Vanillezucker steif schlagen, ein Drittel der Sahne auf den Boden streichen, Deckel auflegen. 4 EL Sahne in einen Spritzbeutel mit Sterntülle geben, kühl stellen. Torte rundum mit restlicher Sahne bestreichen.

3 Marzipan mit Puderzucker, Kakao und Rum verkneten, zwischen Frischhaltefolie zu einem Kreis von 36 cm ⌀ ausrollen, wie ein Tischtuch auf die Torte legen. 12 Sahnetuffs aufspritzen und mit den mit Schokolade verzierten Walnüssen garnieren.

für Gäste

Mango-Charlotte

Für 1 Schüssel von 3 l Inhalt
🕐 1 Std. Zubereitungszeit
15 Min. Backen
4 Std. Kühlen
Bei 14 Stück pro Stück ca. 235 kcal

4 Eier
200 g Zucker
125 g Mehl
150 g Himbeerkonfitüre
12 Blatt weiße Gelatine
2–3 reife Mangos (ca. 1 kg)
3 EL Limettensaft
500 g Magerquark
125 g Sahne
Zucker zum Arbeiten
Backpapier fürs Blech

1 Ofen auf 180° (Umluft 160°) vorheizen. Eier trennen, Eigelbe mit 2 EL heißem Wasser und 80 g Zucker schaumig schlagen. Eiweiße und 20 g Zucker steif schlagen, auf die Eigelbe geben. Mehl darübersieben, untermischen. Teig auf ein mit Backpapier belegtes Blech streichen. Im Ofen (Mitte) 12–15 Min. backen.

2 Biskuit auf ein mit Zucker bestreutes Küchenhandtuch stürzen. Backpapier mit kaltem Wasser bestreichen und ablösen. Biskuit mit Konfitüre bestreichen und von der Längsseite her eng aufrollen.

3 Gelatine einweichen. Mangos schälen, das Fruchtfleisch vom Kern schneiden. 200 g Fruchtfleisch würfeln, beiseitestellen. Restliches Fruchtfleisch (ca. 450 g) mit Limettensaft pürieren. Mangopüree erwärmen, Gelatine tropfnass zugeben und auflösen. Quark mit restlichem Zucker, Mangowürfeln und Mango-Gelatine-Mischung verrühren. Die Masse kalt stellen, bis sie zu gelieren beginnt.

4 Die Biskuitrolle in etwa 1 cm dicke Scheiben schneiden. Schüssel mit Frischhaltefolie auskleiden. Biskuitscheiben dicht an dicht hineinlegen (einige beiseitelegen). Sahne steif schlagen, unter die Creme heben. Die Creme in die Schüssel geben, glatt streichen, mit restlichen Biskuitscheiben belegen. Mindestens 4 Std. kalt stellen. Auf eine Platte stürzen, Folie abziehen.

Blickfang jedes Büffets

Kuppeltorte

Für 1 Springform von 26 cm ⌀
⏱ 45 Min. Zubereitungszeit | 45 Min. Backen | 1 Std. Kühlen
Bei 12 Stück pro Stück ca. 740 kcal

4 Eier | 250 g Zucker | 200 ml Öl | 200 ml Orangensaft | 200 g gemahlene Mandeln | 300 g Mehl | 4 EL Kakaopulver | 1 Päckchen Backpulver | 1 kg Erdbeeren | 600 g Sahne | 2 Päckchen Vanillezucker | 200 g Zartbitterkuvertüre | 1 TL Kokosfett | Fett für die Form

1 Ofen auf 200° vorheizen. Eier mit Zucker dickcremig schlagen. Öl und Saft zugeben. Mandeln mit Mehl, Kakao und Backpulver mischen, rasch unterrühren. Teig in die gefettete Form füllen, im Ofen (unten, Umluft 180°) 40–45 Min. backen und abkühlen lassen.

2 Kuchen quer halbieren, die obere Hälfte grob zerbröseln. Erdbeeren waschen, putzen, ca. 20 halbieren und beiseitestellen, den Rest klein schneiden. Sahne mit Vanillezucker steif schlagen, Kuchenbrösel und Erdbeerstücke unterheben, auf den Boden geben. Mit einer Palette kuppelförmig glatt streichen, diese dafür immer wieder in warmes Wasser tauchen. Torte 1 Std. kühl stellen.

3 Kuvertüre mit Kokosfett schmelzen lassen, gut verrühren, von oben über die Kuppel laufen lassen und die gesamte Torte überziehen, trocknen lassen. Mit den Erdbeerhälften umlegen.

schokoladig-fruchtig

Stracciatella-Brombeer-Torte

Für 1 Springform von 26 cm ⌀
⏱ 45 Min. Zubereitungszeit
45 Min. Backen
Bei 12 Stück pro Stück ca. 640 kcal

4 Eier
250 g Zucker
200 ml Öl
200 ml Milch
100 g + 50 g Schokoladenraspel
300 g Mehl
1 Päckchen Backpulver
500 g Brombeeren
600 g Sahne
2 Päckchen Vanillezucker
200 g Schmand
Fett für die Form

1 Ofen auf 200° vorheizen. Eier mit Zucker dickcremig schlagen. Öl und Milch zugeben. 100 g Schokoladenraspel mit Mehl und Backpulver mischen, rasch unterrühren. Teig in die gefettete Form füllen, im Ofen (unten, Umluft 180°) 40–45 Min. backen und abkühlen lassen.

2 Die Brombeeren verlesen, 20 Stück für die Dekoration beiseitestellen. Kuchen einmal quer teilen, Boden mit einem Tortenring umstellen. 200 g Sahne mit 1 Päckchen Vanillezucker steif schlagen, dann Schmand und Brombeeren unterheben, auf den Boden geben und den Deckel auflegen.

3 Den Ring entfernen. Restliche Sahne mit Vanillezucker steif schlagen, übrige Schokoladenraspel unterheben. Torte rundum mit Stracciatella-Sahne bestreichen und Brombeeren darauf verteilen.

Klassiker / saftig

Schwarzwälder Kirsch

Für 1 Springform von 26 cm ⌀
🕐 50 Min. Zubereitungszeit | 45 Min. Backen | 12 Std. Ruhen
Bei 14 Stück pro Stück ca. 430 kcal

4 Eier | 250 g + 2 EL Zucker | 200 ml Öl | 200 ml Orangensaft | 300 g Mehl |
3 EL Kakaopulver | 1 Päckchen Backpulver | 11 EL Kirschwasser | 1 Glas Sauer-
kirschen (360 g Abtropfgewicht) | 1 Päckchen roter Tortenguss | 600 g Sahne |
3 Päckchen Vanillezucker | Fett für die Form | Zartbitter-Schokoladenraspel
zum Bestreuen

1 Ofen auf 200° vorheizen. Eier mit 250 g Zucker dickcremig schlagen. Öl und
Saft zugeben. Mehl mit Kakao und Backpulver mischen, rasch unterrühren. Teig in
die gefettete Form füllen, im Ofen (unten, Umluft 180°) 40–45 Min. backen und
abkühlen lassen.

2 Den Kuchen zweimal quer durchschneiden. Einen Tortenring um den untersten
Boden stellen und diesen mit 3 EL Kirschwasser beträufeln.

3 Für die Kirschfüllung die Sauerkirschen abtropfen lassen, dabei den Saft auffangen. 14 Kirschen zum Verzieren beiseitestellen. Guss mit 250 ml Kirschsaft und
dem restlichen Zucker nach Packungsanweisung zubereiten, die Kirschen und 2 EL
Kirschwasser untermischen. Diese Masse auf dem unteren Boden verteilen. Den
mittleren Boden auflegen und ebenfalls mit 3 EL Kirschwasser tränken.

4 200 g Sahne mit 1 Päckchen Vanillezucker steif schlagen und auf den mittleren
Boden streichen. Den Deckel auflegen, mehrmals einstechen und mit 3 EL Kirschwasser beträufeln. Die Torte einige Stunden – am besten über Nacht – im Kühlschrank ruhen lassen.

5 Den Tortenring vorsichtig entfernen. Restliche Sahne mit dem übrigen Vanillezucker steif schlagen. Mit zwei Drittel der Sahne die Torte rundum bestreichen.
Die restliche Sahne in einen Spritzbeutel mit Sterntülle füllen. Den äußeren Rand
der Torte mit Schokoraspeln bestreuen. Oben am Rand Sahnetuffs aufspritzen und
auf jeden 1 Kirsche setzen. Die Torte bis zum Servieren kalt stellen.

wenn's was zu feiern gibt

Buttercremetorte

Für 1 Springform von 26 cm ∅
1 Std. 10 Min. Zubereitungszeit | 3 × 25 Min. Backen | 2 Std. Kühlen
Bei 16 Stück pro Stück ca. 820 kcal

Für Teig 1: 2 Eier | 125 g Zucker | 100 ml Öl | 100 ml Orangensaft |150 g Mehl |
½ Päckchen Backpulver | Fett für die Form
Für Teig 2: 2 Eier | 125 g Zucker | 100 ml Öl | 100 ml Milch | 100 g gemahlene
Haselnüsse | 150 g Mehl | ½ Päckchen Backpulver
Für Teig 3: 2 Eier | 125 g Zucker | 100 ml Öl | 100 ml Orangensaft | 150 g Mehl |
2 EL Kakaopulver | ½ Päckchen Backpulver
Für Füllung und Dekoration: 2 Päckchen Vanillepuddingpulver | 1 l Milch |
500 g weiche Butter | 200 g Puderzucker | 6 EL Erdbeermarmelade |
100 g Haselnusskrokant | 12 Schokoblätter

1 Ofen auf 200° vorheizen. Für Teig 1 Eier mit Zucker dickcremig schlagen. Öl
und Saft zugeben. Mehl mit Backpulver mischen, rasch unterrühren. Teig in die gefettete Form füllen, im Ofen (unten, Umluft 180°) 20–25 Min. backen und abkühlen lassen. Teig 2 genauso zubereiten und backen, nur statt Orangensaft die Milch
und gemeinsam mit Mehl und Backpulver die Haselnüsse unterrühren. Danach
Teig 3 ebenfalls genauso wie Teig 1 zubereiten und backen, nur gemeinsam mit
Mehl und Backpulver den Kakao unterrühren.

2 Pudding mit Milch nach Packungsanweisung zubereiten, abkühlen lassen. Butter mit Puderzucker cremig schlagen und Pudding löffelweise unterschlagen.

3 Ersten Boden mit glatt gerührter Marmelade bestreichen. Zweiten Boden darauflegen und mit einem Viertel der Buttercreme bestreichen. Dritten Boden auflegen und ebenfalls mit einem Viertel der Creme bestreichen.

4 5 EL Creme in einen Spritzbeutel mit großer Sterntülle geben. Torte mit der
restlichen Creme rundum bestreichen. Tuffs aufspritzen, mit Krokant bestreuen
und mit Schokoblättern verzieren. 2 Std. kühl stellen.

gelingt leicht / schnell

Nougatcremetorte

Für 1 Springform von 26 cm ⌀ | ⏱ 50 Min. Zubereitungszeit | 45 Min. Backen
Bei 12 Stück pro Stück ca. 820 kcal

4 Eier | 250 g Zucker | 200 ml Öl | 200 ml Milch | 200 g gemahlene Haselnüsse |
300 g Mehl | 1 Päckchen Backpulver | 1 Päckchen Sahnepuddingpulver |
500 ml Milch | 250 g weiche Butter | 350 g Nussnougatcreme | 12 Nougat-
herzen | Fett für die Form

1   Den Backofen auf 200° vorheizen. Eier mit Zucker dickcremig schlagen. Öl und
Milch zugeben. Haselnüsse mit Mehl und Backpulver mischen, rasch unterrühren.
Teig in die gefettete Form füllen, im Ofen (unten, Umluft 180°) 40–45 Min. backen
und abkühlen lassen. Pudding mit Milch nach Packungsanweisung zubereiten und
abkühlen lassen.

2   Kuchen einmal quer teilen. Butter mit 200 g Nussnougatcreme cremig schlagen,
Pudding löffelweise unterrühren. Ein Drittel der Creme auf den Boden streichen.
Deckel auflegen, Torte mit restlicher Nougatcreme ringsum bestreichen und die
Nougatherzen darauf verteilen.

wunderbar nussig

Walnusstorte

Für 1 Springform von 26 cm ∅
🕐 1 Std. 5 Min. Zubereitungszeit | 45 Min. Backen | 2 Std. Kühlen
Bei 12 Stück pro Stück ca. 860 kcal

Für den Teig: 200 g Walnusskerne | 4 Eier | 250 g Zucker | 200 ml Öl | 200 ml Orangensaft | 300 g Mehl | 1 TL Zimtpulver | 1 Päckchen Backpulver | Fett für die Form

Für die Füllung und Dekoration: 1 Päckchen Sahnepuddingpulver | 500 ml Milch | 200 g Walnusskerne | 280 g weiche Butter | 100 g Zucker | 100 g Puderzucker | 5 EL Holundergelee

1 Walnüsse für den Teig mahlen. Ofen auf 200° vorheizen. Eier mit 250 g Zucker dickcremig schlagen. Öl und Saft zugeben. Walnüsse mit Mehl, Zimt und Backpulver mischen, rasch unterrühren. Teig in die gefettete Form füllen, im Ofen (unten, Umluft 180°) 40–45 Min. backen und abkühlen lassen. Pudding mit Milch nach Packungsanweisung zubereiten, abkühlen lassen.

2 Für die Dekoration die Walnüsse grob hacken. 30 g Butter erhitzen, Zucker zugeben und unter Rühren hellbraun karamellisieren lassen. Nüsse zugeben und kurz unterrühren, Karamell auf Alufolie verteilen und abkühlen lassen. 250 g Butter mit Puderzucker cremig schlagen und Pudding löffelweise unterrühren.

3 Kuchen zweimal quer teilen. Boden mit glatt gerührtem Gelee bestreichen, zweiten Boden auflegen, mit Creme bestreichen, Deckel auflegen und Torte rundum mit Creme bestreichen. Krokant grob zerkleinern und die Torte damit bestreuen. 2 Std. kühl stellen.

zart schmelzend

Weihnachtstrüffeltorte

Für 1 Springform von 26 cm ∅
1 Std. Zubereitungszeit
45 Min. Backen
3 Std. Kühlen
Bei 12 Stück pro Stück ca. 920 kcal

4 Eier
200 g Zucker
200 ml Öl
200 ml Orangensaft
300 g Mehl
6 EL Kakaopulver
1 Päckchen Backpulver
600 g Zartbitterschokolade
10 EL Milch
250 g Butter
150 g Puderzucker
4 Msp. gemahlener Koriander
5 Msp. Zimtpulver
200 g Zartbitterkuvertüre
1 TL Kokosfett
Fett für die Form

1 Ofen auf 200° vorheizen. Für den Teig Eier mit Zucker dickcremig schlagen. Öl und Saft zugeben. Mehl mit 4 EL Kakao und Backpulver mischen, rasch unterrühren. Teig in die gefettete Form füllen, im Ofen (unten, Umluft 180°) 40–45 Min. backen und abkühlen lassen.

2 Kuchen zweimal quer teilen und den Boden mit einem Tortenring umstellen. Schokolade zerkleinern. Milch erwärmen, Butter und Schokolade darin schmelzen, Puderzucker mit Gewürzen unterrühren. 12 EL Trüffelmasse für die Dekoration abteilen und im Kühlschrank fest werden lassen.

3 Ein Drittel der Trüffelmasse auf den Boden streichen, zweiten Boden auflegen, ebenfalls mit einem Drittel der Masse bedecken, Deckel auflegen und restliche Trüffelmasse darauf verteilen. 1 Std. kühl stellen. Für die Dekoration 12 gleichmäßige Trüffel drehen und in restlichem Kakao wälzen. Kühl stellen.

4 Kuvertüre mit Kokosfett schmelzen lassen. Tortenring entfernen und Torte mit der Kuvertüre überziehen. Trüffel auf den oberen Rand setzen und trocknen lassen. Die Torte im Kühlschrank aufbewahren. 2 Std. vor dem Servieren aus der Kühlung nehmen, dann hat sie die perfekte Konsistenz und das entsprechende Aroma.

TIPP

Trüffelmasse nach Rezept herstellen, gut durchkühlen lassen. Mit einem Teelöffel gleich große Stücke abstechen und zu Kugeln drehen. In gesiebtem Puderzucker oder Kakao wälzen und hübsch verpacken. Fertig sind die selbst gemachten Weihnachtstrüffel für Familie und Freunde.

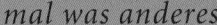

mal was anderes

Vanille-Kokoscreme-Torte

(im Bild)

Für 1 Springform von 26 cm ∅
🕐 55 Min. Zubereitungszeit | 45 Min. Backen | 1 Std. Kühlen
Bei 12 Stück pro Stück ca. 780 kcal

125 g Möhren | 4 Eier | 250 g Zucker | 200 ml Öl | 200 ml Karottensaft |
200 g gemahlene Haselnüsse | 300 g Mehl | 1 Päckchen Backpulver |
1 Päckchen Sahnepuddingpulver | 500 ml Kokosmilch | 250 g weiche
Butter | 100 g Puderzucker | 200 g Zartbitterkuvertüre | 1 TL Kokosfett |
2 EL Kokosraspel | Fett für die Form

1 Die Möhren putzen, schälen, fein raspeln. Ofen auf 200° vorheizen. Für den Teig Eier mit Zucker dickcremig schlagen. Öl, Saft und Karottenraspel zugeben. Die Haselnüsse mit Mehl und Backpulver mischen und rasch unterrühren. Den Teig in die gefettete Form füllen, im Ofen (unten, Umluft 180°) 40–45 Min. backen und abkühlen lassen. Pudding mit Kokosmilch nach Packungsanweisung zubereiten und abkühlen lassen.

2 Kuchen einmal quer teilen, einen Tortenring um den Boden stellen. Butter mit Puderzucker cremig schlagen, Pudding löffelweise unterrühren. Zwei Drittel der Masse auf den Boden geben, Deckel auflegen, restliche Creme aufstreichen und mindestens 1 Std. kühl stellen.

3 Den Tortenring entfernen. Kuvertüre mit Kokosfett schmelzen und die Torte damit überziehen. Kokosraspel darüberstreuen und trocknen lassen.

herbsüß / für Gourmets

Kaffeecremetorte

Für 1 Springform von 26 cm ∅
50 Min. Zubereitungszeit
45 Min. Backen
2 Std. Kühlen
Bei 12 Stück pro Stück ca. 580 kcal

4 Eier | 250 g Zucker
200 ml Öl
400 ml Milch
300 g Mehl
1 Päckchen Backpulver
1 Päckchen Sahnepuddingpulver
300 ml kalter Kaffee
250 g weiche Butter
100 g Puderzucker
6 EL Orangenmarmelade
3 EL Cappuccinopulver
Fett für die Form

1 Ofen auf 200° vorheizen. Für den Teig Eier mit Zucker dickcremig schlagen. Öl und 200 ml Milch zugeben. Mehl mit Backpulver mischen, rasch unterrühren. Teig in die gefettete Form füllen, im Ofen (unten, Umluft 180°) 40–45 Min. backen und abkühlen lassen. Pudding mit Kaffee und restlicher Milch nach Packungsanweisung zubereiten, abkühlen lassen.

2 Butter mit Puderzucker cremig schlagen und den Pudding löffelweise unterrühren.

3 Den Kuchen zweimal quer teilen und den Boden mit Orangenmarmelade bestreichen. Zweiten Boden auflegen, ein Drittel der Kaffeecreme daraufstreichen, Deckel auflegen und Torte rundum mit der restlichen Creme bestreichen. Mit einem Löffel kleine Mulden in die Oberfläche drücken und kühl stellen. Die Torte vor dem Servieren mit dem Cappuccinopulver besieben.

Klassiker/für Festtage

Frankfurter Kranz

Für 1 Kranzform von 28 cm ⌀ | ⊚ 31 Std. Zubereitungszeit | 45 Min. Backen
Bei 15 Stück pro Stück ca. 545 kcal

4 Eier | 250 g Zucker | 200 ml Öl | 200 ml Orangensaft | 300 g Mehl | 1 Päckchen
Backpulver | 1 Päckchen Vanillepuddingpulver | ½ l Milch | 250 g weiche Butter |
100 g Puderzucker | 5 EL Erdbeermarmelade | 150 g Haselnusskrokant | Fett für
die Form

1 Ofen auf 200° vorheizen. Eier mit Zucker dickcremig schlagen. Öl und Saft
zugeben. Mehl mit Backpulver mischen, rasch unterrühren. Teig in die gefettete
Form füllen, im Ofen (unten, Umluft 180°) 40–45 Min. backen.

2 Aus Puddingpulver und Milch einen Pudding kochen, abkühlen lassen. Butter
mit Puderzucker cremig schlagen. Pudding löffelweise unterschlagen. 4 EL Buttercreme in einen Spritzbeutel mit Sterntülle geben.

3 Kuchen zweimal durchschneiden. Untersten Boden mit Marmelade bestreichen,
zweiten Boden auflegen, darauf ein Drittel der Buttercreme streichen. Deckel auflegen, den Kranz rundum mit restlicher Creme bestreichen. Krokant darauf verteilen und Buttercreme-Tuffs aufspritzen.

DEKO-TIPP
Die Creme-Tuffs nach Belieben mit geviertelten Cocktailkirschen garnieren.

gelingt leicht

Mandelcremetorte

Für 1 Springform von 26 cm ⌀ | ⏱ 30 Min. Zubereitungszeit | 40 Min. Backen
Bei 12 Stück pro Stück ca. 775 kcal

4 Eier | 250 g Zucker | 200 ml Öl | 200 ml Orangensaft | 200 g gemahlene
Mandeln | 300 g Mehl | 1 Päckchen Backpulver | 1 Päckchen Sahnepudding-
pulver | 500 ml Milch | 5 EL Johannisbeergelee | 250 g weiche Butter |
100 g Puderzucker | 200 g Mandelblättchen | Fett für die Form

1 Ofen auf 200° vorheizen. Für den Teig Eier mit Zucker dickcremig schlagen. Öl
und Saft zugeben. Mandeln mit Mehl und Backpulver mischen, rasch unterrühren.
Teig in die gefettete Form füllen, im Ofen (unten, Umluft 180°) 40–45 Min. backen
und abkühlen lassen. Pudding mit Milch nach Packungsanweisung zubereiten und
abkühlen lassen.

2 Kuchen einmal quer teilen und den Boden mit Gelee bestreichen. Butter mit
Puderzucker cremig schlagen. Den Pudding löffelweise unterrühren.

3 Zwei Drittel der Buttercreme mit 150 g Mandelblättchen mischen, auf den Boden streichen. Deckel auflegen, rundherum mit restlicher Creme bestreichen. Mit
den restlichen Mandelblättchen bestreuen.

Gruß aus Italien

Mascarpone-
cremetorte

(im Bild unten)

Für 1 Springform von 26 cm ⌀
◷ 50 Min. Zubereitungszeit | 25 Min. Backen
Bei 12 Stück pro Stück ca. 580 kcal

2 Eier | 225 g Zucker
100 ml Öl | 350 ml Rotwein
50 g Schokoladenraspel
50 g gemahlene Haselnüsse
150 g Mehl | 2 EL Kakaopulver
½ Päckchen Backpulver
6 mittelgroße Birnen
250 ml Apfelsaft | 1 Msp. Zimtpulver
500 g Mascarpone | 2 Päckchen Vanillezucker
2 EL Zitronensaft | 200 g Sahne
1 Päckchen roter Tortenguss
Fett für die Form

1 Ofen auf 200° vorheizen. Für den Teig Eier mit 125 g Zucker dickcremig schlagen. Öl und 100 ml Rotwein zugeben. Schokoraspel mit Haselnüssen, Mehl, Kakao und Backpulver mischen, rasch unterrühren. Teig in die gefettete Form füllen, im Ofen (unten, Umluft 180°) 20–25 Min. backen. Birnen schälen, halbieren, vom Kerngehäuse befreien, in restlichem Rotwein und Apfelsaft mit 50 g Zucker und Zimt erhitzen. In 5–10 Min. bissfest dünsten.

2 Den Boden mit einem Tortenring umstellen. Mascarpone mit restlichem Zucker, Vanillezucker und Zitronensaft verrühren. Sahne steif schlagen, unterheben, auf den Boden streichen. Birnen abgießen, Sud auffangen. Birnen auf die Torte legen. Tortenguss mit 250 ml Sud zubereiten und über die Birnen geben.

fruchtig-erfrischend

Aprikosen-
cremetorte

(im Bild oben)

Für 1 Springform von 26 cm ⌀
◷ 55 Min. Zubereitungszeit | 45 Min. Backen
Bei 12 Stück pro Stück ca. 605 kcal

4 Eier | 250 g Zucker
200 ml Öl | 200 ml Orangensaft
300 g Mehl | 1 Päckchen Backpulver
2 Dosen Aprikosen (à 480 g)
1 Päckchen Sahnepuddingpulver
2 Päckchen klarer Tortenguss
2 EL Zucker | 250 g weiche Butter
75 g Puderzucker | Fett für die Form

1 Ofen auf 200° vorheizen. Für den Teig Eier mit Zucker dickcremig schlagen. Öl und Saft zugeben. Mehl mit Backpulver mischen, rasch unterrühren. Teig in die gefettete Form füllen, im Ofen (unten, Umluft 180°) 40–45 Min. backen und abkühlen lassen. Aprikosen abtropfen lassen, Saft auffangen. Pudding mit 500 ml Saft zubereiten, zugedeckt abkühlen lassen.

2 Kuchen zweimal quer teilen, Boden mit Tortenring umstellen. Die Hälfte der Aprikosen pürieren (evtl. mit etwas Saft auf 500 ml auffüllen). Guss mit Fruchtpüree und 2 EL Zucker zubereiten, auf dem Boden verteilen, zweiten Boden auflegen.

3 Butter mit Puderzucker cremig schlagen, Pudding löffelweise unterrühren. Zwei Drittel der Creme auf den Boden streichen. 6 Aprikosenhälften für die Garnierung in Streifen schneiden, restliche Früchte in die Creme drücken, Deckel auflegen. Übrige Creme aufstreichen, Torte mit den Fruchtspalten verzieren.

Die Autoren

Tanja Dusy
Volker Eggers
Gina Greifenstein
Reinhardt Hess
Christina Kempe
Christiane Kührt
Doris Muliar
Stefanie Poziombka
Margit Proebst
Birgit Rademacker
Dörte Rein
Gudrun Ruschitzka
Cornelia Schinharl
Christa Schmedes
Claudia Schmidt
Anne-Katrin Weber

Bildnachweis

Michael Boyny: Umschlagfoto
Michael Boyny: Titelbild, S. 125.
Michael Brauner: S. 6 oben links, unten;
S. 7 oben Mitte und rechts, unten; S. 9
Mitte, unten; S. 11; S. 12; S. 38; S. 41;
S. 45; S. 47; S. 51; S. 52; S. 55; S. 57;
S. 62; S. 82; S. 93; S. 108; S. 121; S. 131;
S. 135; S. 142; S. 144; S. 146; S. 149;
S. 151; S. 153; S. 155.
Ulrike Holsten: S.2; S. 14; S. 36; S. 74;
S. 118.
Joerg Lehmann: S. 4.
Kai Mewes: S. 8; S. 9 oben; S. 26; S. 28;
S. 32; S. 76; S. 81; S. 85; S. 86; S. 89;
S. 90; S. 96; S. 111; S. 113; S. 114; S. 116;
S. 122.
Jörn Rynio: S. 5; S. 6 oben Mitte, rechts;
S. 7 oben links; S. 17; S. 19; S. 22; S. 25;
S. 58; S. 61; S. 65; S. 69; S. 73; S. 79; S.
99; S. 100; S. 105; S. 106; S. 129; S. 139.

Titelbildrezept:

Himbeerkuchen von Seite 124

Programmleitung: Doris Birk
Leitende Redakteurin:
Birgit Rademacker
Konzept, Texte und Redaktion:
Birgit Rademacker, Cora Wetzstein
Lektorat: Dagmar Reichel
Korrektorat: Mischa Gallé
Satz: Uhl + Massopust GmbH, Aalen
**Layout, Typographie und
Umschlaggestaltung:** independent
Medien-Design, München
Herstellung: Markus Plötz
Reproduktion: Repro Ludwig,
Zell am See
Druck und Bindung: Firmengruppe
APPL, Wemding

ISBN 978-3-8338-1264-4

1. Auflage 2008

Ein Unternehmen der
GANSKE VERLAGSGRUPPE